韓国語表現 1000

1日の「体の動き」「心のつぶやき」を
全部韓国語で言って会話力アップ！

執筆・解説：山崎玲美奈・金恩愛

머리말 ／ はじめに

●「起き寝る」シリーズについて

ネイティブの子どもが自分の行動や心情をひとりごととして発することから導き出された「つぶやき練習法」。この練習法を初めて提唱し、1989年の刊行以来広く世に受け入れられてきた「起き寝る」シリーズは、続編や中国語・韓国語版も刊行され、シリーズで200万部を超えるベストセラーに成長しました。

本書は2012年に刊行された『起きてから寝るまで韓国語表現700』を加筆修正して改訂したもので、『起きてから寝るまで英語表現1000』(2017年刊行)を基にした韓国語版です。『起きてから寝るまで韓国語表現700』と同じく、「つぶやき練習法」によって韓国語の会話力・表現力を身に付けることを目標としています。

●つぶやくことで、実感を持って知り、確実に身に付ける

山崎玲美奈

「起きてから寝るまで」の日常生活におけるあらゆることを、韓国語で表現すると言うと、何だか途方もないことのように思われるかもしれません。本書は、そんな途方もないことを実現しようという一冊です。今までに言ったことのない表現や、初めて知る表現であっても、日常生活の中のシチュエーションを韓国語でつぶやいてみることで、それらの表現について実感を持って知り、確実に身に付けることができます。

本書をどのように使うのかは、手に取ってくださった方の自由です。「本書の構成と使い方」で紹介しているようにおすすめの使い方はありますが、決まりやルールはありません。気になる章から始めてみてもOKです。音声を繰り返し聞き、自分の行動と重ね合わせられそうなフレーズ、気に入った

フレーズを声に出してみてください。心や頭の中だけで思い浮かべるよりも、実際に声に出すことで口や耳、体に韓国語が響き、ぐっと学習効果が上がります。そして耳で聞き、声に出し、目で見て、手を動かして書いてみてください。音と自分の声と文字と意味が自分自身の中でつながった時に、その言葉はあなた自身のものになります。本書が皆さんが韓国語を自分のものにして、誰かとつながるお手伝いができれば、これ以上嬉しいことはありません。

●似て非なる言語、日本語と韓国語の表現の違いに注目しよう！

金恩愛

韓国語は日本語と語彙も文法もよく似ていますが、表現の面ではさまざまな違いがあります。韓国語と日本語の表現の違いを意識することは、自然な韓国語を身に付けたい方にとって非常に大事な学習姿勢です。この本を手に取ってくださった皆さんと私はもしかしたら、同じような疑問や悩みを持ちながらも、「いつかはネイティブのように話したい！」という目標を持って韓国語の勉強、日本語の勉強を続けているのかもしれません。

「たくさんの単語を覚えて、いろいろな教材を試しながら、かなりの時間をかけてそれなりに頑張って勉強したつもり、でもまだネイティブまでの道のりは遠い」という皆さんにこの本を捧げます。「意味も通じるし文法的にも間違っていないけれど、どことなく不自然な韓国語」を脱して、「韓国語話者が使う自然な韓国語らしい表現」を自分のものにしたい方は、本書を友にし、韓国語と日本語の表現の違いを思いっきり楽しんでください。目指せ、韓国語ネイティブ！　皆さんの韓国語学習に本書をお役立ていただければ幸いです。

2020年10月

차례 ／ 目次

まだまだある、言いたいこと

이 책의 구성과 사용법 ／ 本書の構成と使い方

本書全体の構成と使い方

- 朝起きてから寝るまでの1日の一般的な生活シーンを10章に分けています。
- それぞれの章は、「単語編」「体の動き」「つぶやき表現」「やりとり」「スキット」「復習」に分かれています。
- 生活シーンについては、自分が興味を持ったところ、自分の立場や自分が今いる場所と近いところから見ていくのも良いでしょう。
- 本書で「つぶやき練習」を繰り返すことで、身の回りのことを何でも韓国語で表現する力を伸ばしたり、スピーキング力を高めたりすることができます。
- 「体の動き」「つぶやき表現」「まだまだある、言いたいこと」の見出し文＋「つぶやき」解説中の例文で1000以上のフレーズを収録しています。

各章の構成と使い方

単語編 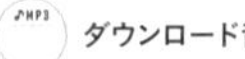

ダウンロード音声あり

各シーンに関連する身の回りのものを表す単語を、イラストとともに掲載しています。単語のほとんどが、後に続く「体の動き」「つぶやき表現」の例文や解説に出てきます。

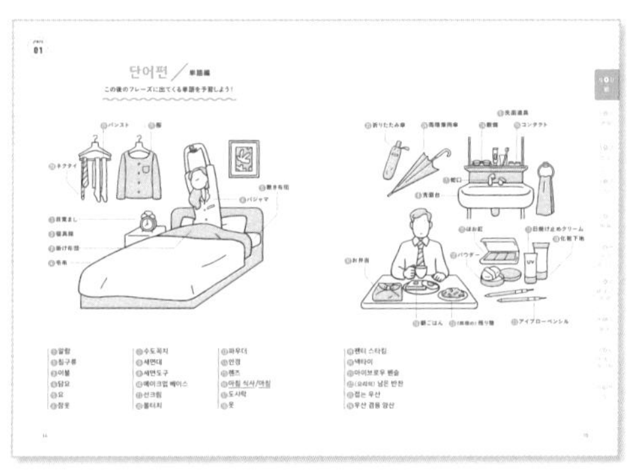

まず、イラスト内の日本語を韓国語にできるか試してみましょう。解答は下に載っています。このページでその章のイメージをつかみ、さまざまな韓国語表現に取り組む前のウォーミングアップを行います。

体の動き

ダウンロード音声あり

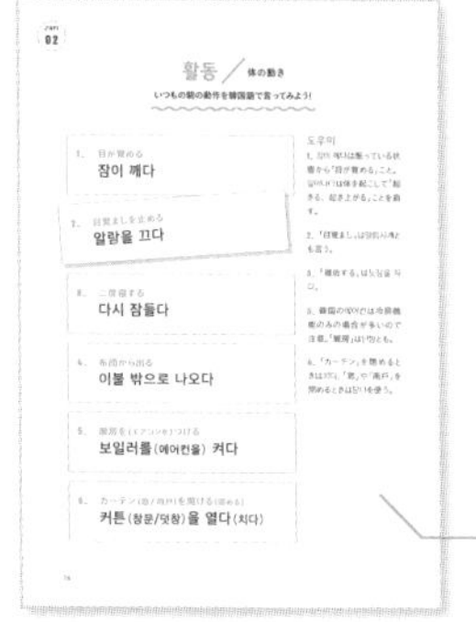
02

활동／体の動き

いつもの朝の動作を韓国語で言ってみよう!

1. 잠이 깨다
2. 알람을 끄다
3. 다시 잠들다
4. 이불 밖으로 나오다
5. 보일러를(에어컨을) 켜다
6. 커튼(창문/덧창)을 열다(치다)

各シーンについて、毎日言葉にすることもなく無意識に行っている行動・行為の数々を、韓国語で表しています。これらの表現の多くは、一見簡単でいてなかなか韓国語で言えないものです。毎日繰り返される行動・行為についての表現を、1つひとつ聞いたり口に出したりして何度も練習し、自分のものにしていきましょう。

必要に応じて、語義や構文など、表現の理解を助ける解説が付いています。

つぶやき表現

ダウンロード音声あり

「体の動き」では外に現れる行動・行為を言葉にしていますが、「つぶやき表現」では心や頭の中の「内面」の世界を扱います。行動する前、している最中、あるいはした後に、思っていることを韓国語で表現します。こういった「自分を中心とした内面世界の言語化」、つまりひとりごとの表現は、教科書通りの会話表現よりもさらに豊かで楽しいものになるでしょう。

「つぶやき表現」の中には、そのまま他人との会話の中で使えるものも入っていますが、まずはひとりごととして練習しましょう。

見出しの韓国語文と日本語文は必ずしも直訳の関係ではありません。韓国語らしく言おうとするとどういう表現になるのか、という例を挙げています。

それぞれの例文には、表現の理解を助ける解説が付いています。語義や構文を理解し、さらに発展的な語彙や表現を身に付けることができます。

03

혼잣말／つぶやき表現

1 目覚まし3個もかけたのに~。

알람 3개나 맞춰 놨는데~.

2 あー、よかった! 寝過ごすところだった!

아휴, 다행이다. 하마터면 늦잠 잘 뻔했네!

3 あと5分だけ、寝る。

딱 5분만 더 자자.

やりとり　ダウンロード音声あり

各章に出てきた表現を使った、1ターン（1往復）の短い会話です。学習した表現が、実際の会話ではどのように使われるのか見てみましょう。

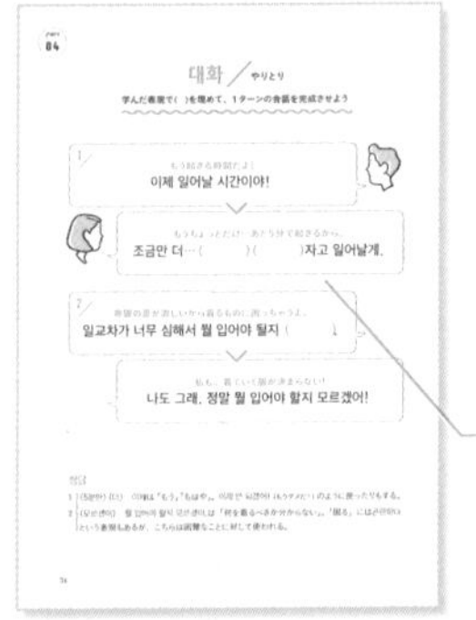

すでに学んだ見出しフレーズ・解説内の単語のうち、一部を空欄にしています。覚えているか確認するために、空欄を埋めてみましょう。解答は下に載っています。

スキット　ダウンロード音声あり

各章に出てきた表現を使った、会話形式のストーリーです。表現を使いこなすための実践編として、登場人物になったつもりで繰り返し練習しましょう。

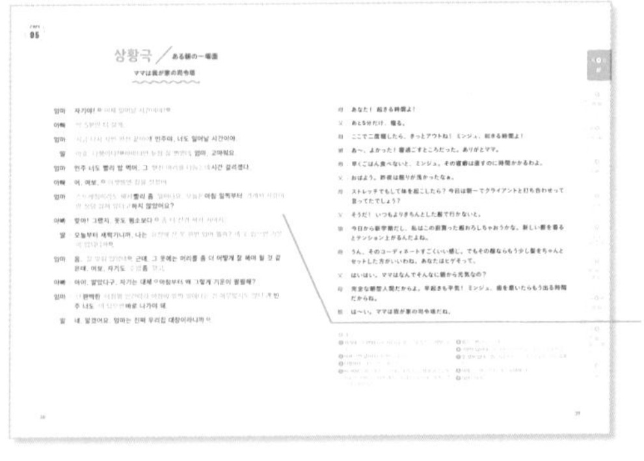

「体の動き」「つぶやき表現」に出てきた韓国語表現は、色文字になっています。

復習

各章に出てきたフレーズを使ったクイズです。日本語の意味になるように、韓国語文を完成させる形式となっています。分からなかったフレーズは、該当ページに戻って確認しましょう。

복습 / 第1章に出てきたフレーズの復習

以下の日本語の意味になるよう韓国語文を完成させます。答えはページの下にあります。

( )잠들다

침대를 ( )

( )에 가다

입을 ( )

( ) 아침에 ( )게 힘들어.

어, 목이 ( ), 감기 ( ) 건가?

오늘 아침은 ( ).

오늘 아침엔 머리가 ( ) 잘 안 되네.

오늘 아침엔 화장이 잘 ( ).

아침은 그냥 어제 ( )( )걸로 괜찮아.

まだまだある、言いたいこと

ダウンロード音声あり

メインの章には登場しないトピックで、知って楽しい・役立つ日々のつぶやきを紹介しています。

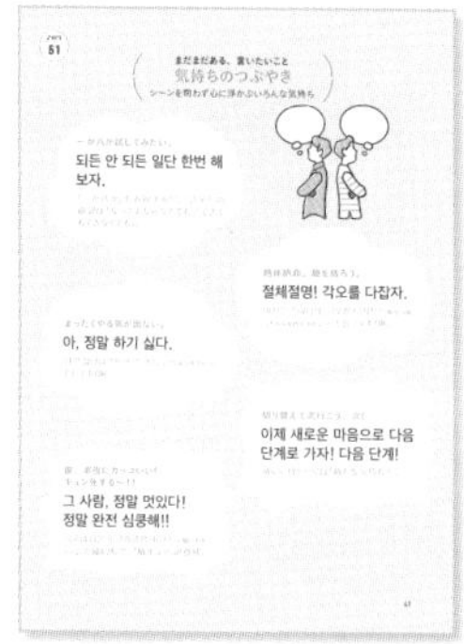
51

まだまだある、言いたいこと

気持ちのつぶやき

シーンを問わず心に浮かぶいろんな気持ち

되든 안 되든 일단 한번 해 보자.

절체절명! 각오를 다잡자.

まったくやる気が出ない。

아, 정말 하기 싫다.

이제 새로운 마음으로 다음 단계로 가자! 다음 단계!

그 사람, 정말 멋있다! 정말 완전 심쿵해!!

さらにフレーズを記憶に定着させるには？

ダウンロード音声に収録された「単語編」「体の動き」「つぶやき表現」「やりとり」「まだまだある、言いたいこと」は、すべて「日本語→韓国語」の順で収録されています。本書をひと通り学習したら、次は日本語を聞いてすぐ韓国語にする訓練、韓国語を聞いてすぐそれをリピートする練習をしてみてください。発音・リズム・イントネーションもそっくりまねると効果的です。最初はなかなかスピードについていけないかもしれませんが、繰り返し練習するうちに、スムーズに口に出せるようになり、そのころには、単語・表現が自分のものとして身に付いているでしょう。

本書の表記について

記号については下記を参照してください。

[ ]	[ ] 内の語句を付け足しても良い
＿＿/＿＿	スラッシュの前後の下線部は入れ替えても同じ意味
〈 〉	漢字表記を表す

무료 MP3파일 제공 ／ ダウンロード音声について

本書の音声はすべてダウンロードで提供いたします（CDやCD-ROMは付属しておりません）。**音声の形式は、スマホやパソコン、携帯音楽プレーヤーなどで再生可能なMP3ファイル形式です。音声の構成は以下の通りです。また、ダウンロード方法については12ページをご参照ください。**

ファイル表

		ページ	ファイル
제1장 第1章	単語編	14,15	01
	体の動き	16-23	02
	つぶやき表現	24-35	03
	대화（やりとり）	36,37	04
	상황극（スキット）	38,39	05
제2장 第2章	単語編	44,45	06
	体の動き	46-51	07
	つぶやき表現	52-65	08
	대화（やりとり）	66,67	09
	상황극（スキット）	68,69	10
제3장 第3章	単語編	74,75	11
	体の動き	76-83	12
	つぶやき表現	84-99	13
	대화（やりとり）	100,101	14
	상황극（スキット）	102,103	15

		ページ	ファイル
제4장 第4章	単語編	106,107	16
	体の動き	108-115	17
	つぶやき表現	116-133	18
	대화（やりとり）	134,135	19
	상황극（スキット）	136,137	20
제5장 第5章	単語編	142,143	21
	体の動き	144-151	22
	つぶやき表現	152-169	23
	대화（やりとり）	170,171	24
	상황극（スキット）	172,173	25
제6장 第6章	単語編	176,177	26
	体の動き	178-183	27
	つぶやき表現	184-197	28
	대화（やりとり）	198,199	29
	상황극（スキット）	200,201	30

日本語➔韓国語 ダウンロード音声

上記59トラックが収録されています。音声を聞くときは、各ページの左上に記載されているトラック番号を参照し、ファイルを再生してください。

基本音声の構成

すべての単語・フレーズが日本語→韓国語の順で収録されています。学習内容をひと通り理解した後は、日本語を聞いたら韓国語が口をついて出てくるようになるまで、繰り返し練習しましょう。

＼繰り返し練習しましょう／

日本語 ➡ 韓国語

		ページ	ファイル
제7장 第7章	単語編	206,207	31
	体の動き	208-215	32
	つぶやき表現	216-233	33
	대화（やりとり）	234,235	34
	상황극（スキット）	236,237	35
제8장 第8章	単語編	240,241	36
	体の動き	242-247	37
	つぶやき表現	248-261	38
	대화（やりとり）	262,263	39
	상황극（スキット）	264,265	40
제9장 第9章	単語編	270,271	41
	体の動き	272-281	42
	つぶやき表現	282-299	43
	대화（やりとり）	300,301	44
	상황극（スキット）	302,303	45

		ページ	ファイル
제10장 第10章	単語編	306,307	46
	体の動き	308-313	47
	つぶやき表現	314-321	48
	대화（やりとり）	322,323	49
	상황극（スキット）	324,325	50
まだまだある、言いたいこと	気持ち	41	51
	人間関係	42	52
	スケジュール	71	53
	デート	72	54
	ニュース	139	55
	時代	140	56
	イベント	203,204	57
	緊急時	267	58
	防災	268	59

韓国語のみ ダウンロード特典音声

ダウンロードセンターとboocoでは【韓国語のみ】の音声も提供しています。ご自身の学習状況に合わせて、ぜひご活用ください。

＼もう日本語はいらない！／

韓国語 ➡ 韓国語

音声のダウンロード方法

本書の収録音声は、すべて無料でダウンロードしていただけます（CDやCD-ROMはついていません）。
アルクのダウンロードセンター（https://www.alc.co.jp/dl/）**からパソコンにダウンロードする方法と、アプリ「英語学習　booco**（ブーコ）**」を用いてスマートフォンに直接ダウンロードする方法があります。**

パソコンからダウンロード

① アルクの「ダウンロードセンター」にアクセス
https://www.alc.co.jp/dl/

② 「ダウンロードのお申し込みはこちら」をクリック

③ 本のタイトルまたは商品コード（7020062）を検索

「英語学習　booco」でスマホに直接ダウンロード

① App Store（iPhone）、Google Play（Android）
からアプリ「英語学習　booco」をダウンロード

② アプリを開いて「探す」をタップ

③ 本のタイトルまたは商品コード（7020062）を検索

※本サービス内容は、予告なく変更する場合がございます。あらかじめご了承ください。

제 1 장

아침 ／ 朝

何かとあわただしい朝。
ベッドから起きて身支度したり朝食をとったり──
ゆっくり言葉を交わす暇はあまりないけれど、
やるべきことは多いし、
1日の始まりに思うことも多いものです。

♪MP3 01

단어편 ／ 単語編

この後のフレーズに出てくる単語を予習しよう！

① 알람
② 침구류
③ 이불
④ 담요
⑤ 요
⑥ 잠옷
⑦ 수도꼭지
⑧ 세면대
⑨ 세면도구
⑩ 메이크업 베이스
⑪ 선크림
⑫ 볼터치
⑬ 파우더
⑭ 안경
⑮ 렌즈
⑯ 아침 식사/아침
⑰ 도시락
⑱ 옷

⑲ 팬티 스타킹
⑳ 넥타이
㉑ 아이브로우 펜슬
㉒ (요리의) 남은 반찬
㉓ 접는 우산
㉔ 우산 겸용 양산

♪MP3 02

활동／体の動き

いつもの朝の動作を韓国語で言ってみよう!

1_ 目が覚める
잠이 깨다

2_ 目覚ましを止める
알람을 끄다

3_ 二度寝する
다시 잠들다

4_ 布団から出る
이불 밖으로 나오다

5_ 暖房を(エアコンを)つける
보일러를(에어컨을) 켜다

6_ カーテン(窓/雨戸)を開ける(閉める)
커튼(창문/덧창)을 열다(치다)

도우미

1_ 잠이 깨다は眠っている状態から「目が覚める」こと。일어나다は体を起こして「起きる、起き上がる」ことを指す。

2_ 「目覚まし」は알람시계とも言う。

3_ 「寝坊する」は늦잠을 자다。

5_ 韓国の에어컨は冷房機能のみの場合が多いので注意。「暖房」は난방とも。

6_ 「カーテン」を閉めるときは치다、「窓」や「雨戸」を閉めるときは닫다を使う。

7_「布団を広げる」は이불을 펴다。

8_ 정리하다の直訳は「整理する」。

9_「パジャマ」は파자마とも。「パジャマパーティ」は파자마 파티あるいは잠옷파티。

10_ 韓国の家は通常、トイレとお風呂 (욕실) が一緒になっている。

7_ 布団をたたんで押し入れにしまう

이불을 개서 이불장에 넣다

8_ ベッドを整える

침대를 정리하다

9_ パジャマを脱ぐ (たたむ)

잠옷을 벗다 (개다)

10_ トイレに行く

화장실에 가다

♪MP3 02

11_ トイレの水を流す

화장실 물을 내리다

12_ 水道の蛇口を開ける(閉める)

물을 틀다(잠그다)

13_ 手を洗う

손을 씻다

14_ 手を拭く

손을 닦다

도우미

12_ 수도꼭지를 열다(잠그다)とも。「ガスをつける/止める」は、가스를 켜다/끄다。가스레인지에 불을 켜다/끄다でもOK。

13_ ちなみに、「悪いことから身を引く」という比喩的な意味の「足を洗う」も、韓国語では손을 씻다と言う。

15_ 양치질하다と表現しても OK。양치질は「歯磨き」のこと。

16_ 치실을 사용하다と表現することもできる。

17_ 입을 가시다、가글하다という表現もよく使われる。

18_ 세면대를 먼저 차지하려 하다でもOK。

19_ 면도하다とも。「かみそり」「ひげそり」は면도기〈面刀器〉、「電気シェーバー」は전기 면도기〈電気面刀器〉。

20_ 「鼻水を拭く」は콧물을 닦다。

21_ 「化粧を落とす」は화장을 지우다、「メイクを落とす」は메이크업을 지우다。

15_ 歯を磨く
이를 닦다

16_ フロスをする
치실을 쓰다

17_ 口をすすぐ
입을 헹구다

18_ 洗面台の取り合いをする
세면대를 서로 차지하려 하다

19_ ひげをそる
수염을 깎다

20_ 鼻をかむ
코를 풀다

21_ 化粧する
화장하다

♪MP3 02

22_ 寝癖を直す
뻗친 머리를 다듬다

23_ 髪をセットする
머리를 손질하다

24_ 予定に合わせて服を選ぶ
일정에 맞춰 옷을 고르다

25_ 着替える
옷을 갈아입다

26_ シャツを着る(ズボン/スカートをはく)
셔츠(바지/치마)를 입다

27_ 新聞を取りに行く
신문을 가지러 가다

28_ お湯を沸かす
물을 끓이다

도우미

22_ 뻗친 머리は髪の毛がはねている状態。

23_ 머리를 만지다(直訳は「髪を触る」)と表現してもOK。

24_ 일정에の部分は스케줄에(スケジュールに)としてもOK。なお、일정は「日程」。

26_ 「スカート」は스커트とも。

28_ 「牛乳を／食べ物を温める」は우유를/음식을 데우다。

29_ コーヒーを入れる
커피를 타다

30_ トースターでパンを焼く
토스트기로 빵을 굽다

31_ 冷蔵庫から牛乳を取り出す
냉장고에서 우유를 꺼내다

32_ 朝ごはんを作る
아침을 만들다

29_ 커피를 타다は「インスタントコーヒーを入れる」、커피를 내리다は「コーヒーメーカーなどでレギュラーコーヒーを入れる」イメージ。

31_ 韓国にはキムチ専用の김치냉장고（キムチ冷蔵庫）があり、冷蔵庫を2台持っている家庭が多い。

32_ 「朝ごはん」は아침 밥や아침 식사とも。

♪MP3 02

33_ 子どもの(子どもたちの)世話をする

아이를(아이들을) 돌보다

34_ テレビを(ラジオを)つける

텔레비전을(라디오를) 켜다

35_ [ラジオの]語学講座を聞く

[라디오의] 어학강좌를 듣다

36_ 朝の連ドラを見る

아침 연속극을 보다

37_ 占いをテレビ(スマホ)でチェックする

운세를 텔레비전(스마트폰)으로 확인하다

도우미

34_「テレビ」はTV [티브이]とも言う。日常会話では、테레비(テレビ)という表現もよく使われる。

35_ 韓国では인터넷강의(インターネット講義)で勉強する人が多い。短縮形は인강。

36_「朝の連ドラ」は아침 드라마と言ってもOK。

37_ 운세は「運勢」。「占う」は점을 보다。

39_ 「猫」は고양이だが、会話では「ニャンコ」のニュアンスで야옹이もよく使われる。

40_ 「犬」は개だが、会話では「ワンちゃん」のニュアンスで멍멍이もよく使われる。「子犬」は강아지。

41_ 「戸締り」は문단속〈門団束〉。

42_ 韓国では、자전거(自転車)は生活手段というより、余暇活動、レジャーで使われるイメージが強い。

44_ 출근하다(出勤する)と言ってもよい。

38_ テレビ番組の録画予約をする
텔레비전 프로를 녹화 예약하다

39_ 猫(犬)に餌をやる
고양이(개)한테 먹이를 주다

40_ 犬の散歩に行く
개 산책을 가다

41_ 戸締まりしたか確認する
문단속을 했는지 확인하다

42_ 駅まで自転車で行く
역까지 자전거로 가다

43_ 駅まで子どもを(夫を)車で送る
역까지 아이를(남편을) 차로 데려다 주다

44_ 会社に行く
회사에 가다

♪MP3 03

혼잣말 / つぶやき表現

忙しく身支度をする朝のつぶやき

1

目覚まし3個もかけたのに〜。

알람 3개나 맞춰 놨는데~.

「目覚ましをかける」「アラームをセットする」の「かける」「セットする」は맞추다(合わせる)。「アラームが鳴らなかった」は알람이 안 울렸다.、「アラームを止めた記憶がない」なら알람을 끈 기억이 없다.。

2

あ〜、よかった! 寝過ごすところだった!

아휴, 다행이다. 하마터면 늦잠 잘 뻔했네!

하마터면は「危うく」「すんでのところで」。-ㄹ/을 뻔했다は「(危うく) 〜するところだった」という意味で、늦을 뻔했다(遅れるところだった)、지각할 뻔했다(遅刻するところだった)のように使うことができる。

3

あと5分だけ、寝る。

딱 5분만 더 자자.

直訳は「ピッタリもう5分だけ寝よう」。「あと5分だけ、寝るよ」と自分の意思を伝えるなら5분만 더 잘게.、「あと5分で起きるから」なら5분만 더 자고 일어날게.。「あと5分」「もう5分」の「あと〜」「もう〜」は「5分」の後ろに더をつけて表現する。「もう少しだけ一緒にいよう」は조금만 더 같이 있자.、「もう少しだけ頑張ろう」は조금만 더 힘내자.。

4

ここで二度寝したら、きっとアウトだな…。

지금 다시 자면 완전 끝이야….

완전 끝이야は「完全に終わりだ」。완전(完全)は、くだけたニュアンスで「とても」「すごく」「めっちゃ」などの意味でも使われる。例：완전 멋있어.(めっちゃカッコいい)、완전 졸려.(すごく眠い)、완전 재밌어.(超面白い)

5

ああ！ いいところで目が覚めちゃった。

아, 정말 딱 좋을 때 깨 버렸네.

「いい夢見てたのに…」なら좋은 꿈을 꾸고 있었는데…。딱はサイズやタイミングなどが「ぴったり」「ちょうど」という意味で、정말 딱 좋을 때の直訳は「本当にちょうど良い時」。「ちょうど良い」は딱 좋아.または딱이야.。

6

昨夜は眠りが浅かったな。

어젯밤엔 잠을 설쳤어.

어젯밤엔 잠을 잘 못 잤어.としてもOK。설치다は「〜しそびれる」「〜し足りない」という意味で、잠을 설치다(寝そびれる)の形で使われることが多い表現。

7

最近、前日のお酒が翌日に響くようになったな。

요즘은 전날 마신 술이 다음 날까지 가는 것 같아.

요즘은 전날 먹은 술이 다음 날까지 숙취해소가 안되네.と言うこともできる。「飲む」は一般的に마시다だが、会話では먹다（食べる）を使って술을 먹다（酒を飲む）、물을 먹다（水を飲む）と表現することもある。

8

だんだん朝起きるのがつらくなってきた。

점점 아침에 일어나는 게 힘들어.

힘들어（つらい、しんどい）の部分は힘들어졌어（つらくなった、しんどくなった）でもOK。

9

ストレッチでもして、体を起こそうかな!

스트레칭이라도 해서 일어나 볼까?

「まだあんまり目が覚めない」なら、나 아직 잠이 덜 깼어.。「ストレッチ」は스트레칭。「～でも…してみようかな」は-(이)라도 …아/어 볼까。

10

朝型だから早起きは平気。

나는 아침형 인간이라 아침에 일찍 일어나는 건 아무렇지도 않아.

「朝型」は아침형 인간(朝型人間)、あるいは아침형(朝型)。反対の意味の「夜型」は올빼미。올빼미はフクロウのこと。

11

う、のどがいがらっぽい。風邪ひいたかな。

어, 목이 따끔거리네. 감기 걸린 건가?

韓国語では「のど」も「首」も목と言う。「風邪をひく」は감기(에) 걸리다あるいは감기(가) 들다。

12

今の時期、空気が乾燥しているからなあ。

요즘은 공기가 건조하니까 그럴 수도 있지.

그럴 수도 있지は「そういうこともあるよね」「そういうこともあるよな」。「今の時期」の訳にあたる요즘은は「最近は」の意味。

♪MP3 03

13

もう起きる時間だよ!

이제 일어날 시간이야!

「もう」にあたる이제は「もう行かなきゃ!」のように今現在やこれからのことに対して用いられる。同じく日本語の「もう」にあたる벌써は벌써 7시네.(もう7時だね)のように過ぎたことに対して使われる。

14

今朝は肌寒いなあ。

오늘 아침은 쌀쌀하네.

쌀쌀하다は「肌寒い」。天気や天候を表す날씨と組み合わせて、날씨가 쌀쌀하다という表現で使われることも多い。なお、쌀쌀하다には「(態度が)冷たい/冷たく接する」の意味もある。例)요즘 나한테 왜 이렇게 쌀쌀해?(最近私になんでこんなに冷たいの?)

15

着ていく服が決まらない!

뭘 입어야 할지 모르겠어!

뭘 입으면 좋을지 모르겠어!(何を着たらいいのか分からない)という表現もよく使われる。「何着て行こう?」は뭐(뭘) 입고 가지?や뭐(뭘) 입고 갈까?。

16

今の時期、寒暖の差が激しいから着るものに困る。

요즘은 일교차가 너무 심해서 뭘 입어야 될지 모르겠어.

「寒暖の差」にあたる일교차は〈日較差〉という漢字語で、1日の寒暖の差や気温差のこと。일교차가 심하다の組み合わせで使われることが多い。また、日常会話では아침엔 춥고, 낮엔 덥고（朝は寒く、昼は暑く）といった表現もよく使われる。

17

この前買った服、おろしちゃおうかな。

요전에 산 옷 한번 입어 볼까?

입어 볼까の直訳は「着てみようかな」。꺼내 볼까（出してみようかな）とも言える。

18

新しい服を着るとテンションが上がるんだよね。

새 옷 입으면 기분이 업되니까.

기분이 업되다は直訳すると「気分がアップする」。これで「テンションが上がる」「気分が上がる」を表現する。업は英語のup。反対の「テンションが下がる」は기분이 다운(down)되다。

♪MP3 03

19

今日はクライアントと打ち合わせがあるから、
いつもよりきちんとした服で行かないと。

오늘은 거래처 사람이랑 상담 잡혀 있으니까 옷도 평소보다 좀 더 신경 써서 가야지.

「クライアント」にあたる거래처 사람は「取引先の人」という意味。고객（顧客）と言い換えも可能。日程や約束などが決まることは、일정이 잡히다、약속이 잡히다のように表現する。

20

今日のコーディネートはすごくいい感じ!

오늘 옷 잘 맞춰 입었네!

맞추다は「合わせる」。옷을 잘 맞춰 입다で「服を素敵に着こなす、コーディネートする」となる。오늘 패션 좋은데! でも近い意味を表せる。

21

今朝はヘアスタイルがきまらない。

오늘 아침엔 머리가 생각대로 잘 안 되네.

「ヘアスタイルがきまらない」の部分は、머리 모양이 생각대로 안 되네でもOK。머리は「頭」のほかに「髪」「髪の毛」の意味で使われる。

22

焦ってはいたらストッキングが伝線しちゃったよー。

급하게 신었더니 스타킹 줄이 나갔어.

「ストッキングが伝線しちゃったよー」の部分は、스타킹(이/에) 올이 나갔어と表現することもできる。助詞は省略されることが多い。

23

ネクタイがうまく結べない。

넥타이가 잘 안 매져.

넥타이를 매다で「ネクタイを結ぶ」。넥타이를 잘 못 매겠어という表現でもOK。「ネクタイを外す」は넥타이를 풀다。

24

今朝はメイクのノリがいいわあ。

오늘 아침엔 화장이 잘 받네.

「メイクのノリがいいわあ」は、화장이 잘 먹네.でも。「メイクのノリが悪い」は화장이 안 받다あるいは화장이 잘 안 먹다で表現できる。

♪MP3 03

25

あー、今日は眉毛がうまく描けない!

아, 오늘은 눈썹이 잘 안 그려져!

눈썹을 그리다で「眉を描く」。また、아, 오늘은 눈썹을 잘 못 그리겠어としてもOK。ちなみに「化粧をする」は화장을 하다、「化粧を落とす」は화장을 지우다。

26

コンタクトがなかなか入らない。

렌즈가 잘 안 들어가.

日本語ではコンタクトレンズのことを「コンタクト」と略すが、韓国語では렌즈(レンズ)と言う場合が多い。「コンタクトをつける、する」は렌즈를 끼다、「コンタクトを外す」は렌즈를 빼다。「レンズを洗う」は렌즈를 씻다。なお、コンタクトレンズの「洗浄液」は소독약〈消毒薬〉と言う。

27

水が冷たくなった(ぬるくなった)。

물이 차가워졌다(미지근해졌다).

「水が冷たい」と言うときの「冷たい」は차갑다。温度に関する表現には미지근하다(ぬるい)、따뜻하다(温かい)、뜨겁다(熱い)などがある。ちなみに「お湯」は뜨거운 물(熱い水)と言う。

28

朝食は昨日の残り物でいいや。

아침은 그냥 어제 먹다 남은 걸로 괜찮아.

「残り物」にあたる어제 먹다 남은 거は「昨日食べかけで残ったもの」という意味。「朝ごはんを抜く」は아침을 거르다。「朝ごはんは残り物ですます」の「すます」は때우다を使う。

29

夜遅くまでゲームしていたから、今朝は目の下にくまができている。

밤늦게까지 게임을 했더니 오늘 아침에 눈 밑에 다크서클이 생겼어.

目の下にできる「くま」は다크서클と言う。これは英語のdark circleから。「くまができる」は다크서클이 생기다。「くまがひどい」は다크서클이 심하다。

30

仕事と子どもの保育園の準備で朝からバタバタ。

일이랑 애들 어린이집 준비로 아침부터 정신이 없어.

「保育園」は어린이집と言うのが一般的。このシチュエーションでの「バタバタ」は정신이 없어のほかに너무 바빠（忙しすぎる）、분주해（あわただしい）でもOK。

♪MP3 03

31

電車が遅延しているみたいだから、早めに家出ないと。

전철이 지연되고 있나 봐. 좀 일찍 집을 나가야겠어.

「事故で電車が遅れているみたい」なら사고로 전철이 지연되고 있나 봐。「早めに」にあたる일찍は「朝早くに家を出る」のように時刻が早いことを表す。参考までに、スピードなど速度的に速いことに対しては빨리（速い）を使う。

32

朝はノリのいい音楽でも聞いて気分上げてかなきゃね。

아침엔 신나는 음악이라도 들으며 기분을 띄워 가야지.

아침엔は아침에는の縮約した形。会話ではこのように助詞を縮約した形が多用される。例）무엇을（何を）→뭘、이것은（これは）→이건

33

うわ、あやしい空模様だなあ。一応、折り畳み傘持ってくか。

어, 하늘을 보니 비가 올 것 같은데. 일단 접는 우산을 가져가야겠다.

「折り畳み傘」は접는 우산（畳む傘）。「日傘」は양산で「雨晴兼用傘」は우산 겸용 양산。「傘を持っていくのを忘れないでね！」なら우산 꼭 가져 가！（傘必ず持っていって）と言えばOK。「傘をさす」は우산을 쓰다、「傘を閉じる」は우산을 접다。傘に一緒に入る時の「一緒に入っていい？」は같이 써도 돼?と表現する。

34

今日は猛暑日になるらしい。

오늘은 엄청 덥다는데.

「猛暑日」に該当する名詞が韓国語にはないため、ここでは엄청 덥다(ものすごく暑い)としている。なお「猛暑」に近い意味を持つ韓国語に폭염(暴炎)があり、ニュースや天気予報によく登場する。

35

台風が来てるから、今日は早く帰ろう。

태풍이 온다니까 오늘은 일찍 가자.

태풍이 온다니까(台風が来るというから)は、予報などを聞いて近づきつつある台風について話す想定。台風が上陸してとどまっている場合には태풍이 와 있으니까、台風が上陸した後の場合には태풍이 왔으니까となる。

36

けっこう降ってるなあ。今日は防水シューズにしよ。

비가 꽤 오네. 오늘은 방수되는 신발을 신자.

「防水シューズ」は방수화(防水靴)という表現も使われる。「長靴」は장화.「おしゃれ長靴」は패션장화(ファッション長靴)。

♪MP3 04

대화 / やりとり

学んだ表現で(　)を埋めて、1ターンの会話を完成させよう

1/

もう起きる時間だよ!

이제 일어날 시간이야!

もうちょっとだけ…あと5分で起きるから。

조금만 더…(　　　　)(　　　　)자고 일어날게.

2/

寒暖の差が激しいから着るものに困っちゃうよ。

일교차가 너무 심해서 뭘 입어야 될지 (　　　　).

私も。着ていく服が決まらない!

나도 그래. 정말 뭘 입어야 할지 모르겠어!

정답

1 (5분만) (더)　이제は「もう」「もはや」。이제 안 되겠어! (もうダメだ!) のように使ったりもする。

2 (모르겠어)　뭘 입어야 될지 모르겠어.は「何を着るべきか分からない」。「困る」には곤란하다という表現もあるが、こちらは困難なことに対して使われる。

3/ 最近、前日のお酒が翌日に響くようになったな。

요즘은 전날 먹은 술이
다음(　　　)(　　　) 것 같아.

そろそろお酒を控えるころかもね。

이제 술을 좀 줄여야 할까 봐.

4/ 事故で電車が遅延しているみたい。

사고로 전철이 지연되고 있나 봐.

じゃあ、早めに家出ないと。

그럼, 좀 (　　　) 집을 (　　　).

5/ うわ、あやしい空模様だなあ。

어, 하늘을 보니 비가 올 것 같은데.

傘を持っていくのを忘れないでね!

우산 꼭 (　　　)(　　　)!

3 (날까지) (가는)　할까 봐の部分は할 때가 됐나 봐とも表現できる。

4 (일찍) (나가야겠어)　「電車」は전철。韓国では지하철 (地下鉄) の方がよく利用されている。また、この文のニュアンスなら、일찍は서둘러でもOK。

5 (가져) (가)　「あやしい空模様だ」は하늘을 보니 비가 올 것 같아 (空を見ると雨が降りそうだ) のように表現する。

♪MP3 05

상황극 ／ ある朝の一場面

ママは我が家の司令塔

엄마 : 자기야!❶ 이제 일어날 시간이야!❷

아빠 : 딱 5분만 더 잘게.

엄마 : 지금 다시 자면 완전 끝이야! 민주야, 너도 일어날 시간이야.

딸 : 아휴, 다행이다!❸하마터면 늦잠 잘 뻔했네. 엄마, 고마워요.

엄마 : 민주 너도 빨리 밥 먹어. 그 뻗친 머리를 다듬는데 시간 걸리겠다.

아빠 : 어, 여보.❹ 어젯밤엔 잠을 설쳤어.

엄마 : 스트레칭이라도 해서 빨리 좀 일어나요. 오늘은 아침 일찍부터 거래처 사람이랑 상담 잡혀 있다고 하지 않았어요?

아빠 : 맞아! 그랬지. 옷도 평소보다❺ 좀 더 신경 써서 가야지.

딸 : 오늘부터 새학기니까, 나는 요전에 산 옷 한번 입어 볼까? 새 옷 입으면 기분이 업되니까❻.

엄마 : 음. 잘 맞춰 입었네❼. 근데, 그 옷에는 머리를 좀 더 어떻게 잘 해야 될 것 같은데. 여보, 자기도 수염 좀 깎고.

아빠 : 아이, 알았다구. 자기는 대체❽ 아침부터 왜 그렇게 기운이 펄펄해?

엄마 : 난 완벽한 아침형 인간이라 아침에 일찍 일어나는 건 아무렇지도 않다구! 민주 너도 이 닦으면 바로 나가야 돼.

딸 : 네, 알겠어요. 엄마는 진짜 우리집 대장이라니까❾.

母：**あなた！ 起きる時間よ！**

父：**あと5分だけ、寝る。**

母：**ここで二度寝したら、きっとアウトね！ ミンジュ、起きる時間よ！**

娘：**あ〜、よかった！ 寝過ごすところだった。ありがとママ。**

母：**早くごはん食べないと、ミンジュ。その寝癖は直すのに時間かかるわよ。**

父：**おはよう。昨夜は眠りが浅かったなぁ。**

母：**ストレッチでもして体を起こしたら？ 今日は朝一でクライアントと打ち合わせって言ってたでしょう？**

父：**そうだ！ いつもよりきちんとした服で行かないと。**

娘：**今日から新学期だし、私はこの前買った服おろしちゃおうかな。新しい服を着るとテンション上がるんだよね。**

母：**うん、そのコーディネートすごくいい感じ。でもその服ならもう少し髪をちゃんとセットした方がいいわね。あなたはヒゲそって。**

父：**はいはい。ママはなんでそんなに朝から元気なの？**

母：**完全な朝型人間だからよ。早起きも平気！ ミンジュ、歯を磨いたらもう出る時間だからね。**

娘：**は〜い。ママは我が家の司令塔だね。**

語注

❶ 자기야：夫婦間の呼び掛けに使う「あなた」。여보とも言う。
❷ 이제 그만 일어나と表現してもOK。
❸ 다행이다：よかった、幸いだ
❹ 어, 여보：直訳すると「やあ、あなた」。韓国語では家族同士の場合、日本語の「おはよう」のようなあいさつは交わさない。
❺ 평소：普段、いつも
❻ 기분이 업되다：気分がアップする、気持ちが上がる
❼ 잘 맞춰 입다：着こなしが良い、コーディネートが素敵だ。
❽ 대체：一体、そもそも。도대체とも。
❾ 대장：隊長

복습 ／ 제1장に出てきたフレーズの復習

以下の日本語の意味になるよう韓国語文を完成させます。答えはページの下にあります。

❶ 二度寝する ➡P016
(　　　　) 잠들다

❷ ベッドを整える ➡P017
침대를 (　　　　)

❸ トイレに行く ➡P017
(　　　　)에 가다

❹ 口をすすぐ ➡P019
입을 (　　　　)

❺ だんだん朝起きるのがつらくなってきた。 ➡P026
(　　　　) 아침에 (　　　　) 게 힘들어.

❻ う、のどがいがらっぽい。風邪ひいたかな。 ➡P027
어, 목이 (　　　　). 감기 (　　　　) 건가?

❼ 今朝は肌寒いなあ。 ➡P028
오늘 아침은 (　　　　).

❽ 今朝はヘアスタイルがきまらない。 ➡P030
오늘 아침엔 머리가 (　　　　) 잘 안 되네.

❾ 今朝はメイクのノリがいいわあ。 ➡P031
오늘 아침엔 화장이 잘 (　　　　).

❿ 朝食は昨日の残り物でいいや。 ➡P033
아침은 그냥 어제 (　　　　)(　　　　) 걸로 괜찮아.

정답

❶ 다시
❷ 정리하다
❸ 화장실
❹ 헹구다
❺ 점점/일어나는
❻ 따끔거리네/걸린
❼ 쌀쌀하네
❽ 생각대로
❾ 받네
❿ 먹다/남은

MP3 51

まだまだある、言いたいこと

気持ちのつぶやき

シーンを問わず心に浮かぶいろんな気持ち

一か八か試してみたい。

되든 안 되든 일단 한번 해 보자.

「一か八か」を表現する되든 안 되든の直訳は「なってもならなくても」「できてもできなくても」。

絶体絶命。腹を括ろう。

절체절명! 각오를 다잡자.

마지막 기회니까, 각오를 다지자!（最後の機会だから覚悟を決めよう!）と言ってもOK。

まったくやる気が出ない。

아, 정말 하기 싫다.

하기 싫다は의욕이 안 생기네（意欲が湧かない）としてもOK。

切り替えて次行こう、次!

이제 새로운 마음으로 다음 단계로 가자! 다음 단계!

새로운 마음으로は「新たな気持ちで」。

彼、本当にカッコいい!
キュン死する～!!

그 사람, 정말 멋있다! 정말 완전 심쿵해!!

심쿵は심장이 쿵쾅쿵쾅거리다（心臓がドキッとする）の縮約形で、「胸キュン」の意味。

♪MP3 52

まだまだある、言いたいこと

人間関係へのつぶやき

時に悩みの種、時に救いとなる人間関係でのつぶやき

彼、けっこう塩対応なんだよね。

**그 사람,
너무 성의 없지.**

日常会話では、「彼」はユやユ 남자ではなく、그 사람としたほうが自然な表現になる。

彼女癒し系かと思いきやけっこう意地悪なのよね。

**그 여자 천사표인 줄 알았는데
완전 왕싸가지인데.**

日常会話で그 여자は悪い意味で使われる場合が多い。例) 그 여자 진짜 뭐야?(あの女ほんと何なの?)。천사표〈天使票〉は「天使のような人」。

いつの間にかおひとりさまの方が気楽になっちゃったなー。

**어쩌다 보니 혼자 사는 게 더
편해졌어.**

어쩌다 보니は「どういうわけなのか分からないけれど、いつの間にか」「なんだかんだしているうちに」。

私って褒められると伸びる人だから。

**나는 칭찬받으면 더 잘
하는 스타일이니까.**

直訳は「私は褒められるともっとよくできるタイプだから」。

空気読まない発言して、みんなにドン引きされた。

**분위기 파악 못 하는
말을 해서 갑자기
분위기 싸해졌어.**

「空気読まない」「空気読めない」は분위기 파악 못 하다(雰囲気の把握ができない)でOK。

久しぶりの友達に会ったら話が盛り上がった!

**오랜만에 친구를 만나니
이야기가 끝이 없었어!**

後半部分は시간 가는 줄 몰랐어(時間が経つのも分からなかった)とも表現できる。

제 2 장

출근 ／ 通勤

バスや自転車など、人によって異なる通勤スタイル。
ここでは電車での通勤を中心に、
家を出てから目的地に着くまでの間の
動作やつぶやきを取り上げています。
不特定多数の人と同乗する車内では、
ちょっとした人間ドラマが生まれたりして
心のつぶやきも増すでしょう。

♪MP3 06

단어편 / 単語編

この後のフレーズに出てくる単語を予習しよう！

① 매점
② 자동 개찰
③ (사람) 줄
④ 전철
⑤ 역무원
⑥ 승강장
⑦ 선반
⑧ 손잡이
⑨ 만원 전철
⑩ 노인분
⑪ 임산부
⑫ 완행 전차
⑬ 급행
⑭ 쾌속
⑮ 특급
⑯ 스크린 도어
⑰ 출퇴근 러시아워
⑱ 교통카드

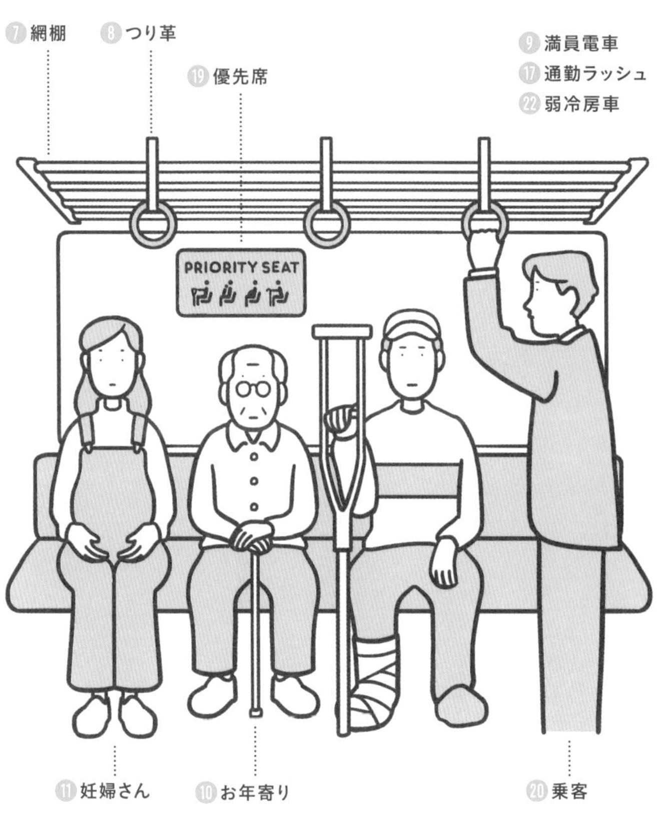

⑲노약자석
⑳승객
㉑지하철
㉒약냉방 칸
㉓운임/요금

♪MP3 07

활동 / 体の動き

通勤中の動作を韓国語で言ってみよう!

1_ 横断歩道を渡る
횡단 보도를 건너다

2_ 信号を待つ
신호를 기다리다

3_ 信号を無視して道を渡る
신호를 무시하고 길을 건너다

도우미

2_「赤信号」は빨간 불、「青信号」は파란 불または녹색 불。「信号が長い」は신호가 잘 안 바뀌다 (信号があまりよく変わらない) でOK。

3_「信号が赤に変わる」は신호가 빨간 불로 바뀌다。

4_ ご近所さんにあいさつする

이웃집 사람에게 인사하다

5_ 駅まで走って息を切らす

역까지 달려갔더니 숨이 차다

6_ 水たまりに足を突っ込んで靴が濡れる

물웅덩이에 발이 빠져 구두가 젖다

7_ 雨を避けて地下道を通る

비를 피해 지하도를 통해서 가다

8_ 靴擦れになる

신발이 발에 잘 안 맞아 뒷꿈치가 까지다

9_ 駅の売店に寄る

역 매점에 들르다

10_ 駅の階段を上る(下りる)

역 계단을 올라가다 (내려가다)

4_ 「隣の家」は옆집、「隣人」は옆집 사람。

5_ 直訳は「駅まで走ったら息切れする」。

6_ 구두はスーツに合わせて履く革靴、ハイヒール、パンプスなどに限定される。履物全般を指す場合は신발。

7_ 似た意味を表す비가 와서 지하도로 가다(雨が降ってきたので地下道で行く)もよく使われる表現。

8_ 韓国語には「靴擦れ」に該当する名詞がないため「靴が足に合わず、かかとがすりむける」と説明的に表現する。

♪MP3 07

11_ Suicaをタッチする
스이카를 터치하다

12_ 自動改札で引っかかる
자동 개찰에서 걸리다

13_ PASMOをチャージする
파스모를 충전하다

14_ いつもと違う路線で行く
보통 때와 다른 노선으로 가다

15_ 通勤ラッシュに巻き込まれる
러시아워에 발이 묶이다

16_ 列に並んで電車を待つ
줄을 서서 전철을 기다리다

17_ リュックを前に抱える
백팩을 앞으로 메다

도우미

11_ 韓国の交通系電子マネーカードの中で最も使われているのは티머니(T-money)。

14_ 보통 때와 다른の代わりに평소와 다른としてもOK。

15_ 「通勤ラッシュ」は통근길 정체(通勤道の停滞)とも。

16_ 「地下鉄」の場合は지하철でもOK。

17_ 「リュック」は배낭とも。

18_ 電車に乗る(降りる)

전철을 타다(내리다)

19_ 駅員に押し込まれる

역무원이 전철 안으로 밀어 주다

20_ ホームに押し出されて乗れなくなる

승강장으로 밀려 못 타게 되다

21_ 網棚にかばんを乗せる

선반에 가방을 올리다

19_ 満員電車に乗客を押し込むスタッフのことを푸시맨と言う。

20_ 승강장으로(ホームに)を전철 밖으로(電車の外に)としても同じ意味になる。

21_ 「網棚」は그물 선반だが、電車内にある網棚は선반(棚)でOK。

♪MP3 07

22_ すぐ降りそうな人の前に立つ
금방 내릴 것 같은 사람 앞에 서다

23_ つり革につかまる
손잡이를 잡다

24_ 電車の中でうとうとする
전철 안에서 꾸벅꾸벅 졸다

25_ 急ブレーキでバランスを崩す
급정거로 넘어질 뻔하다

26_ 人にぶつかる
다른 사람과 부딪치다

도우미

23_ 손잡이は「手すり」や「取っ手」などのことも指す。

24_ 「電車の中」「バスの中」の「～の中」は、韓国語では表現しない場合も多い。実際の会話ではよく전철에서 꾸벅꾸벅 졸다と言う。「今どこ?」「バスの中だよ」であれば、지금 어디야? 버스야.のように表現する。

25_ 급정거は「急停車」。넘어질 뻔하다は「転びそうになる」。

26_ 会話では、다른 사람하고のように、과の代わりに하고を使うことが多い。

27_ 混雑していて、足の踏み場もないラッシュアワー時の地下鉄のことを、지옥철〈地獄鉄〉と言う。例) 오늘 아침 완전 지옥철이었어. (今朝は、地下鉄めっちゃ混んでた)

28_「お年寄り」は尊敬の念を込めて어르신とも言う。

32_ 자동차로 통근하다でもOK。なお、「カーシェア」は카셰어링、「ライドシェア(相乗り)」は카풀。

33_ 길이 (道が) は、땅이 (地面が) または도로가 (道路が) と言ってもOK。

27_ 満員電車で窒息しそう(骨折しそう)になる

만원 전철에서 질식할 (뼈가 부러질) 뻔하다

28_ お年寄り(妊婦さん)に席を譲る

노인분(임산부)에게 자리를 양보하다

29_ 電車を乗り換える

전철을 갈아타다

30_ バス停でバスを待つ

버스 정류장에서 버스를 기다리다

31_ 降車ボタンを押す

하차 벨을 누르다

32_ 車通勤をする

차로 통근을 하다

33_ 路面凍結に気を付けて運転する

길이 얼어서 조심해서 운전하다

♪MP3 08

혼잣말 ／ つぶやき表現

交通に関係する表現がたくさん入ったつぶやき

1

ここの踏切はなかなか開かないなぁ。

여기 차단기는 시간이 너무 오래 걸려.

直訳は「ここの遮断機は時間がかかり過ぎる」。「踏切」自体は건널목と言うが、このシチュエーションでは차단기〈遮断機〉が自然な表現。

2

踏切が鳴ってる！ 渡れるか!?

차단기 내려오는 소리가 들려! 건널 수 있을까!?

차단기 내려오는 소리가 들려!は「遮断機が下りてくる音が聞こえる!」。「音がする」は소리가 나다、「音が聞こえる」は소리가 들리다。

3

Suica、チャージしなきゃ。

스이카, 충전해야겠네.

韓国でのシチュエーションであれば、스이카の代わりに교통카드や티머니を使えばOK。「チャージする」は충전하다(充塡する)。「Suicaを改札にピッとする」は스이카를 개찰기에 대다。また、「残高不足」は잔액부족〈残額不足〉。 例) 어떡해! 티머니 잔액이 부족해. (どうしよう! T-moneyの残高が足りない)

4

朝のこの時間帯が一番混むんだよね。

아침 이 시간대가 제일 붐벼.

붐벼の基本形は붐비다。人が多くて「混雑している」という意味。渋滞などで道が混んでいる時には길이 막히다、길이 복잡하다を使う。

5

フレックスタイムになってから、通勤が楽になった。

유연근무제가 되고 나서 출퇴근이 편해졌어.

「フレックスタイム」を意味する유연근무제は〈柔軟勤務制〉という漢字語。「通勤が楽になった」は、회사 가기 편해졌어あるいは사무실 (직장) 가기 편해졌어でも。「在宅勤務」「テレワーク」は재택근무〈在宅勤務〉でOK。

6

線路が延びて便利になった。

구간이 연장돼서 편해졌다.

구간〈区間〉は、노선〈路線〉でもよい。-아/어서 …아/어졌다は、「〜して…くなった」。例）날씨가 좋아서 기분이 좋아졌다.（天気が良くて気分が良くなった)、살이 빠져서 더 예뻐졌다!（体重が落ちてもっと可愛くなった!）

♪MP3
08

7

あっちの急行はすごく混んでるから、各停で座って行こう。

저쪽 급행은 너무 붐비니까 완행으로 앉아서 가자.

「各停＝各駅停車」は완행で、〈緩行〉という漢字語。일반（一般）でもOK。「急行」は급행あるいは특행。例）〇〇역은 특행은 안 서니까 완행으로 타세요.（〇〇駅は急行は停まらないから各駅停車に乗ってください）。「席がない」は자리가 없다。

8

ここはホームドアがないから、十分に後ろにさがって待とう。

여기는 스크린 도어가 없으니까 안전하게 뒤로 가서 기다리자.

「ホームドア」のことは스크린 도어（スクリーンドア）と言う。「ホームドアが開きます／閉じます」は、스크린 도어가 열립니다/닫힙니다.。「十分に」はここでは안전하게（安全に）と表現している。

9

お盆の時期は電車空いてるね。

추석 때는 전철이 비어 있네.

추석（秋夕）は、陰暦の8月15日を指し、韓国では親族が集まって先祖の墓参りに行ったり、祭祀を行ったりする。「空く」は비다、「空いている」は비어 있다。전철에 사람이 별로 없네.（電車に人があまりいないね）と表現してもよい。

10

この時間帯に下り列車に乗ってる人がうらやましい。

이 시간대에 하행선을 타고 있는 사람들이 부러워.

「下り」は하행〈下行〉、「上り」は상행〈上行〉。「上り列車はいつも混んでいるんだ」なら、상행선은 항상 붐벼.。

11

また徐行運転かー。

또 서행 운전이야?

또は、同じことを繰り返す場合の「また」。다시は「改めて」や「再びやり直す」というニュアンスの「また」。車の「徐行運転」には거북이 운전(亀運転)、느림보 운전(のろま運転)という言葉も使われる。そのほか、運転に関する言葉には안전운전〈安全運転〉、난폭운전〈乱暴運転〉、양보운전(譲り合い運転)などの言葉がある。

12

今日はよく電車が止まるなぁ。

오늘은 전철이 엄청 서네.

오늘은 전철이 엄청 멈추네. でも。서다は「立つ」のほかに、動いていたものが「止まる」という意味でも使われる。

13

この路線は、車両故障ですぐ遅れるんだ。

이 노선은 차량 고장으로 자주 지연돼.

電車が「遅れる」は지연되다（遅延する）。자주の代わりに툭하면（どうかすると）、걸핏하면（ともすると）と言ってもよい。「しょっちゅう」という意味の「すぐ」は자주だが、「すぐに行くから」のような場合の「すぐ」は금방を使う。

14

電車の遅延で始業までに着けない。

전철 지연으로 업무 시작 시간에 맞춰 못 가겠어.

「電車の遅延で」の部分は、日常会話では전철이 안 와서（電車が来なくて）という表現もよく使われる。업무 시작 시간에 맞춰 못 가겠어の部分は、지각하겠어（遅刻しそうだ）、늦겠어（遅れそうだ）と言うこともできる。

15

焦ってもしょうがない。とりあえず遅延証明書をもらおう。

안절부절해도 소용없어. 일단 지연증명서를 받아 두자.

안절부절하다は「慌てふためく」、「おろおろする」。소용없다は「無駄だ」「仕方がない」「しょうがない」。소용は〈所用〉という漢字語。

16

うわっ！ かばんがドアに挟まっちゃった。

앗! 가방이 문에 끼였어.

「ドア」は문。「挟まる」は끼이다。「かばんがドアに挟まるところだった」なら가방이 문에 끼일 뻔했어.。「(挟まった)かばんが抜けない」は가방이 안 빠져、「次の駅、どっちのドアが開くんだっけ?」は다음 역은 어느 쪽 문이 열리지?。

17

他の人たちが降りられるように、一旦ホームに出よう。

다른 사람들이 내릴 수 있게 일단 밖으로 나가자.

「ホームに出よう」は「いったん外に出よう」と表現。-게は「〜く」「〜ように」。例）방을 깨끗하게 청소했어요.（部屋をきれいに掃除しました）、말을 참 예쁘게 하네!（言葉を本当に可愛く言うね！：話す内容や話し方に思いやりや優しさがあり、それを褒める場面でよく使われる）

18

ここで座れるなんてラッキー！

여기서 앉을 수 있다니 정말 다행이다!

다행이다は「幸いだ」という意味。「ラッキー！」は행운이다!（幸運だ）や、운 좋다!（運いい！）とも。また、文全体を여기서 앉을 수 있다니 이게 웬 횡재야!としてもOK。直訳は「ここで座れるなんて、これは何の幸運なの！」。

제 1 장 朝
제 2 장 通勤
제 3 장 仕事
제 4 장 SNS
제 5 장 家事
제 6 장 家で過ごす
제 7 장 健康／美容
제 8 장 趣味
제 9 장 外食／買い物
제 10 장 夜

19

小銭がないから、Suicaで飲み物を買おう。

잔돈이 없으니까, 스이카로 마실 거 사자.

「飲み物」にあたる韓国語には마실 거（発音は[마실 꺼]）と음료수（発音は[음뇨수]。漢字で書くと〈飲料水〉）があるが、頻度的には마실 거のほうが上。ちなみに、飲食店のメニューにある음료수はソフトドリンクを意味する。

20

立ったまま寝るなんてあの人器用だなぁ！

서서 자다니 저 사람 기술이 좋네!

「立ったまま」は、선 채로という表現でも。「器用だなぁ！」は「すごい技を持っている」という意味で기술이 좋네!（技術が良いなぁ！）とした。「手先が器用だ」という場合は손재주가 있다という表現を使うと良い。

21

足の置き場がなくて倒れそう～。

발 디딜 틈이 없어서 쓰러질 것 같아.

디디다は「踏む」、틈は「隙間」や「間」のこと。立っているものが横になる「倒れる」には쓰러지다を使う。넘어지다は「転ぶ」のニュアンス。「足の踏み場もない」は발 디딜 곳도 없다。

22

ちょっと詰めればあと1人座れるのに。

조금만 더 붙어 앉으면 한 명 더 앉을 수 있을 텐데.

조금만 더の直訳は「少しだけもう」で「もう少しだけ」の意味。日本語の語順と異なることに注意。붙어 앉으면は直訳すると「くっついて座れば」。立っている人に席を譲るときは앉으세요.(お座りください)。

23

最近は優先席の近くでもスマホOKなんだろうか。

요즘은 노약자석 근처에서도 스마트폰 써도 되나?

「優先席」は노약자석で〈老弱者席〉という漢字語。「スマホ」は스마트폰、「携帯電話」は핸드폰または휴대폰。会話では略して폰と言うこともある。

24

地下鉄がうるさくて、ほとんど音楽が聞こえないよ。

지하철이 시끄러워서, 음악이 거의 들리지 않아.

「うるさい」の基本形は시끄럽다。ㅂ変格活用の用言なので-으で始まる語尾が続くと시끄러우、-아/어で始まる語尾が続くと시끄러워となる。また、들리지 않아の部分は안 들려としても良い。「音が聞こえない」は소리가 안 들려.、「声が聞こえない」は목소리가 안 들려.となる。

25

隣の人、イヤホンから音漏れてるよ!

옆 사람 이어폰 소리가 들려!

「音が漏れる」には소리가 새다という表現を使うこともできるが、このような場面では소리가 들리다（音が聞こえる）がより自然。「イヤホンから音が漏れている」ことを強調して言いたい場合は、소리가 다 들려!のように다を入れて表現すると良い。

26

今ならメイクしても大丈夫かな。みんなスマホを見てるし。

지금 같으면 화장해도 될까? 다 핸드폰만 보고 있으니까.

같으면は「～だったら」「～なら」。「化粧を直す」は화장을 고치다。例）퇴근 전에 화장실에서 화장을 고쳤다.（退勤前にお手洗いで化粧を直した）。「みんな」を表す다の部分は、다들のように複数形で使う場合も多い。

27

濡れた傘が腕にくっついて気持ち悪い。

젖은 우산이 팔에 달라붙어 찝찝해.

젖다は「濡れる」。달라붙다は「くっつく」、「張り付く」という意味。찝찝하다は「気にかかる」「なんとなく不快だ」。ほかに「気まずい」「ばつが悪い」という意味もある。

28

隣の女の人が寄り掛かってきて、肩が重いよ。

옆에 앉은 여자가 기대와서 어깨가 무거워.

「隣の女の人」は、옆에 앉은 여자(隣に座った女の人)のように「隣」と「女の人」の関係を説明する具体的な言葉を入れたほうが、より自然な表現になる。

29

痴漢に間違われないよう、つり革とかばんを握りしめておこう。

치한으로 오해받지 않게 손잡이와 가방을 꽉 잡고 있자.

오해받다は「誤解される」。「つり革」は손잡이。꽉は「ぎゅっと」「しっかりと」「ぎっしり」という意味の副詞。例) 스케줄이 꽉 차 있어요. (スケジュールがぎっしりつまっています)、그 사람 좀 꽉 막혔어! (彼、ちょっと融通が利かないの!/頭が固いの!)

30

う〜、ここ寒過ぎ。弱冷房車に乗ればよかった。

어, 여긴 정말 너무 추워. 약냉방 칸에 탈걸 그랬어.

-ㄹ/을걸 그랬다は「〜すればよかった」と後悔を表すときなどに使う。例) 미리 예약할 걸 그랬어. (事前に予約すればよかった)、그런 말 하지 말걸 그랬어요. (あんなこと言わなきゃよかったです)。

31

ふぅ！ もう少しで乗り過ごすところだった。

휴우! 하마터면 못 내릴 뻔했네.

못 내릴 뻔했네の直訳は「降りられないところだった」。「乗り過ごした」なら、못 내렸다（降りられなかった）や역을 지나쳐 버렸다（駅を通り越してしまった）などのように表現すればOK。

32

マフラーを電車に置き忘れた!

목도리를 전철에 그냥 두고 내렸어!

두고 내렸어の直訳は「置いて降りた」。「置く」には두다と놓다があるが、「家に忘れてきました」のような場合には、집에 놓고 왔어요と집에 두고 왔어요の両方を使うことができる。なお、「お忘れ物センター」は유실물센터（遺失物センター）。

33

エスカレーターの右側に立っているの、新しい部長だ。

에스컬레이터 오른쪽에 서 있는 사람, 새로 온 부장님이야.

「右側に立ってるの」にあたる오른쪽에 서 있는 사람の直訳は「右側に立っている人」。このような場合は「の」が何を指しているのか具体的に言い表す必要がある。また、韓国語では、自分より上の職位の人に対しては職位名＋님（敬称）で呼ぶ。

34

うわ、中吊り広告はまた不倫ネタだ。

우와, 지하철 광고 또 불륜에 관한 거네.

「うわ、地下鉄の広告、また不倫に関することだな」が直訳。-에 관하다は「～に関わる」「～に関係する」。例) 그 사건에 관해서는 보도가 많다. (その事件については報道が多い)、한국어 문법에 관한 책이에요. (韓国語の文法に関する本です)。

35

あちゃー！ 終電逃しちゃった。

어떡하지! 막차를 놓쳐 버렸어.

「終電を逃す」は막차를 놓치다。「終電が終わる」は막차가 끊기다。例) 막차가 끊겨서 집에 못 갔어요. (終電が終わって家に帰れませんでした)。ちなみに、「始発」は첫차と言う。

36

終電って酔っ払いだらけだなぁ。

막차는 술 취한 사람들이 엄청 많네.

「終電は酒に酔った人たちがものすごく多いなあ」が直訳。「～だらけ」を意味する言葉に투성이もあるが、これは「～まみれ」というニュアンス。

37

バスなかなか来ないな。時刻表が当てにならないよ。

버스 정말 안 오네. 운행 시간표 믿을 게 못 되네.

「時刻表」 시간표 〈時間表〉。「全然時刻表通りじゃないじゃん!」であれば시간표랑 완전 다르잖아!、「もうバスが来てもいい時間なんだけどなぁ、おかしいなぁ」であれば이제 버스 오고도 남을 시간인데, 이상하네.。

38

この運転手、運転が荒いなぁ。

이 운전기사, 운전이 거치네.

この場面では운전기사〈運転技士〉の代わりに기사〈技士〉とも言える。ただし、運転手に向かって直接呼び掛けるときは、기사님と表現する。例) 기사님, 명동까지 얼마나 걸려요? (運転手さん、明洞までどのぐらいかかりますか?)。なお、거치네の基本形は거칠다。突然車線に割り込んできたりする「危険運転」のことを난폭운전〈乱暴運転〉、「あおり運転」のことを위협운전〈威脅運転〉、보복운전〈報復運転〉と言う。

39

ICOCAの残額ないから現金で払わないと。

이코카 잔액이 없으니까 현금으로 내야겠다.

현금으로 내야겠다の내다には、「出す」「支払う」などの意味がある。例) 오늘은 제가 낼게요. (今日は私が出しますよ)

40

この先渋滞10キロだって?

여기서부터 정체구간이 10킬로미터래?

정체구간は漢字語で〈停滞区間〉。渋滞している区間のことを指す。なお、「渋滞している」ことを表す表現に차가 밀리다、길이 막히다などがある。

41

新車にしたら、燃費が良くって感動した。

새 차로 샀더니 연비가 좋아서 감동했어.

「新車」は새 차。「新車を買う」ことを새 차를 뽑다とも言うが、これは「新車を(多くの車から選んで)購入する」ニュアンス。また、「中古車」は중고차、「古い車」は헌 차あるいは오래된 차。

42

健康のため、自転車通勤に替えてみよう。

건강을 위해 자전거 출퇴근으로 바꿔 보자.

「自転車で通う」は자전거로 다니다。「バイク」は오토바이。「自転車通勤は交通費がゼロ円!」は자전거로 출퇴근하면 교통비가 0엔이야!。

MP3 09

대화 / やりとり

学んだ表現で(　)を埋めて、1ターンの会話を完成させよう

1/
ミーティングに間に合うかな?
회의 시간에 맞춰 갈 수 있을까?

無理かもね。電車全部遅れてるし。
어려울 것 같아. (　　　　)이 다 (　　　　)고 있고.

2/
もう1人分のスペースを空けてくれませんか?
여기 좀 앉아도 될까요?

はい、お座りください。
네, (　　　　).

정답

1 (전철) (지연되) 시간에 맞추다は「時間に合わせる」、「間に合わせる」。어려울 것 같아は「難しそう」。

2 (앉으세요) 直訳すると「ここちょっと座ってもいいですか」。席を詰めてほしいときもこの表現でOK。

3

なぜ20分もここで止まっているの?

왜 20분이나 여기서 멈춰 있는 거야?

10キロ渋滞って案内があったよ。

10킬로미터 (　　　　)라는 안내가 있었어.

4

どうして各停で仕事に行くの?

왜 완행으로 일하러 가?

急行は席がないからね。

급행은 (　　　　)가 없어서 그래.

5

線路からちょっと離れて待ってね。

선로에서 좀 떨어져 기다려.

大丈夫。ほら、このホームはホームドアあるし。

괜찮아. 봐, 여기 (　　　　)은 (　　　　) 도어도 있고.

3 (정체)　정체は「渋滞」の意味で、漢字で書くと〈停滞〉。「渋滞している」を表現する言葉としては、日常会話では길이 밀리다もよく使われる。

4 (자리)　왜 완행으로 회사에 가? (どうして各停で会社に行くの?) としてもよい。

5 (승강장) (스크린)　駅の「ホーム」は승강장〈乗降場〉という漢字語を使う。

♪MP3 10

상황극 / 通勤途中の一場面

星占いは12位だったに違いない

(동료인 유리에게 전화를 건다)

남자 : 여보세요? 유리 씨❶? 전철 지연으로 업무 시작 시간에 맞춰 못 갈 것 같은데. 다른 사람들한테도 좀 전해 줄래요?

여자 : 알았어요. 전철 지연으로 발이 묶였다니❷ 큰일이네요. 보통 때는 늘 일찍 왔었는데.

남자 : 평소에는 좀 더 여유 있게 나오니까. 오늘은 정말 엉망진창❸이네… 차단기는 시간이 너무 오래 걸리고, 물웅덩이에 발이 빠져서 구두는 젖고, 자동 개찰에도 걸리고….

여자 : 게다가❹ 전철까지 멈추다니(웃음) 그 노선은 차량 고장으로 자주 지연되네요.

남자 : 맞아요. 아, 정말. 거기다 또 서행운전이라니.가뜩이나❺ 아침 이 시간대가 제일 붐비는데. 승강장은 왜 또 이렇게 붐비냐구.

여자 : 안절부절해도 소용없어요. 일단 지연증명서라도 받아 두지 그래요?

남자 : 네, 그럴게요. 아, 전철이 온다. 무조건❻ 이번엔 꼭 타야지.

여자 : 힘내요! 오늘은 운이 없는 것 같으니, 혹시 다른 사람 발을 밟거나 하진 말구요!❼

（同僚のユリに電話を掛ける）

男性：**もしもしユリさん？　電車の遅延で始業までに着けないんだ。みんなにも伝えてくれないか。**

女性：**分かったわ。遅延に巻き込まれちゃって大変ね。いつもはすごく早いのに。**

男性：**いつもはもっと余裕をもって出るからね。今日はさんざんだな…踏切はなかなか開かないし、水たまりに足を突っ込んで靴は濡れるし、自動改札で引っかかるし…。**

女性：**おまけに電車まで止まるなんて（笑）。その路線は、車両故障ですぐ遅れるわよね。**

男性：**そうだね。ああ、また徐行運転だ。ただでさえ朝のこの時間帯が一番混むのに。ホームは激混みだよ。**

女性：**焦ってもしょうがないわ。とりあえず遅延証明書をもらったら？**

男性：**うん、そうする。あ、電車が来た。絶対にこれに乗るぞ。**

女性：**頑張って！　今日はついていないみたいだから、誰かの足をうっかり踏んだりしないようにね！**

語注

❶ - 씨：会社の同僚という関係性で、異性間の場合には名前に- 씨（～さん）をつけて呼ぶのが一般的。

❷ 발이 묶이다：足止めを食う

❸ 엉망진창：めちゃくちゃ。「さんざんだな」は되는 게 없네と表現することもできる。

❹ 게다가：その上に、おまけに

❺ 가뜩이나：ただでさえ、そうでなくても

❻ 무조건：絶対。漢字で書くと〈無条件〉。

❼ 하진 말구：하지는 말고の口語体。-지 말고は「～しないで、～せずに」という意味を表す。

복습 / 제2장に出てきたフレーズの復習

以下の日本語の意味になるよう韓国語文を完成させます。答えはページの下にあります。

❶信号を無視して道を渡る ➡P046
(　　　　)를 무시하고 길을 (　　　　)

❷靴擦れになる ➡P047
신발이 발에 잘 안 맞아 (　　　　)가 (　　　　)

❸通勤ラッシュに巻き込まれる ➡P048
러시아워에 (　　　　)이 (　　　　)

❹列に並んで電車を待つ ➡P048
(　　　　)을 (　　　　) 전철을 기다리다

❺ホームに押し出されて乗れなくなる ➡P049
승강장으로 (　　　　) 못 타게 되다

❻電車の中でうとうとする ➡P050
전철 안에서 (　　　　) 졸다

❼線路が延びて便利になった。 ➡P053
구간이 연장돼서 (　　　　).

❽地下鉄がうるさくて、ほとんど音楽が聞こえないよ。 ➡P059
지하철이 시끄러워서 음악이 거의 (　　　　) (　　　　).

❾ふぅ! もう少しで乗り過ごすところだった。 ➡P062
휴우! (　　　　) 못 내릴 (　　　　).

❿ICOCAの残額ないから現金で払わないと。 ➡P064
이코카 (　　　　)이 없으니까 현금으로 (　　　　).

정답

❶ 신호/건너다
❷ 뒷꿈치/까지다
❸ 발/묶이다
❹ 줄/서서
❺ 밀려
❻ 꾸벅꾸벅
❼ 편해졌다
❽ 들리지/않아
❾ 하마터면/뻔했네
❿ 잔액/내야겠다

MP3 53

まだまだある、言いたいこと

スケジュールへのつぶやき

人は常にスケジュールを気にして生きている!

1年はあっという間だなあ。
もう3月も終わりだなんて。

**1년은 순식간이네.
벌써 3월도 끝나다니.**

순식간は「瞬く間」「一瞬」という意味で、この文の場合は금방としてもOK。

今年のゴールデンウィークは
飛び石連休なんだ。

올해 황금연휴는 징검다리 연휴야.

황금연휴は〈黄金連休〉という漢字語。징검다리は「飛び石」「架け橋」のこと。

今年の年末年始はいつ帰省しよう。

**올해 연말연시는 언제
고향에 갈까?**

고향에 가다(故郷に行く)で「帰省する」「田舎に帰る」。

予定がかち合っちゃう。
調整しなきゃ。

**예정이 겹치네.
조정해야겠다.**

「予定がかち合う」は일정이 겹치다としてもOK。

忙しかったら、
改めてでもいいよ。

**바쁘면 다음에라도
괜찮아.**

「改めてでも」にあたる다음에라도の直訳は「次にでも」。

♪MP3 54

まだまだある、言いたいこと

デートでのつぶやき

デートの最中・前後にさまざまな感情が生まれます

今こそ勝負服の出番。

이제야말로 옷으로 승부를 볼 차례야.

日本語の「勝負服」に該当する韓国語はない。直訳は「今こそ服で勝負する番だ」。

遅れちゃってごめんね、もう着くから。

늦어서 미안해, 이제 거의 다 왔어.

이제 거의 다 왔어は「もうほとんど来た」。「もうすぐ着く」と伝えるときに使われる。

最近デートもマンネリ化してきた。まあ私は一緒にいられるだけでもうれしいんだけど。

요즘은 데이트도 시들해졌어. 나는 그냥 같이 있기만 해도 좋은데.

시들해졌어は、시들하다(気乗りがしない)に-아/어지다(〜くなる)の過去形が付いた形。

お、今日キマってるじゃない!

야, 오늘 멋진데!

오늘 있어 보이는데、오늘 스타일 좋은데という表現も可能。

デートドタキャンされたんだけど。

데이트 갑자기 바람맞았어.

갑자기は「急に」「突然」。바람맞다は「すっぽかされる」。

どうにも映画の好みが合わないんだよね。

아무래도 영화 취향이 안 맞는 것 같아.

취향は「好み」「趣向」。「好みが合わない」は취향이 안 맞다。

제 3 장

일 ／ 仕事

仕事の内容がオフィスワークでも営業でも接客でも、
電話や書類と格闘したり、
上司や同僚との人間関係に神経を使うのはみな同じ。
ここでは、仕事をするうえで欠かせない基本動作や、
仕事をしていれば何かしら「あるある」と
共感できるつぶやきを集めました。

♪MP3
11

단어편 / 単語編

この後のフレーズに出てくる単語を予習しよう!

1 타임 레코더
2 ID 카드
3 외선
4 내선
5 복사기
6 용지 걸림

7 서류
8 개인 정보
9 영수증
10 상사
11 부하
12 회의록

13 의제
14 견적서
15 화상 회의
16 거래처
17 명함
18 반차

⑲ 동료
⑳ 현지 시간
㉑ 출장
㉒ 경비
㉓ 유급 휴가

♪MP3 12

활동 / 体の動き

仕事中の動作を韓国語で言ってみよう!

1_ IDカードをタッチする
ID 카드를 찍다

2_ 電話を取る
전화를 받다

3_ 電話を転送する
전화를 착신전환하다

4_ 伝言を伝える
전언을 전달하다

5_ 外線と内線を間違える
외선과 내선을 틀리다

6_ 上司をCC(BCC)に入れる
상사를 참조(숨은참조)에 넣다

도우미

1_ 타임카드를 찍다とも。場面によっては、출(퇴)근 카드를 찍다という表現も可能。なお、Suicaなどを「タッチする」場合は대다を使う。

2_ 「電話をかける/切る」は전화를 걸다/끊다。

3_ 「電話をつなげる」は전화를 연결하다、「電話を代わる」は전화를 바꾸다、전화를 바꿔 주다と言う。

6_ CCは참조と言い、直訳すると「参照」。また、BCCは숨은참조で、直訳すると「隠れた参照」となる。

7_ 메일のほかに、이메일もよく使う。

8_ 글자가 깨진の部分は글씨가 깨진としてもOK。

9_「添付ファイルが開かない」は첨부파일이 안 열리다、「添付ファイルが開けない」は첨부파일을 열 수 없다。

10_「書類を出す」は서류를 내다。

7_ メールを一斉送信する
메일을 일제히 보내다

8_ 文字化けしたメールを受け取る
글자가 깨진 이메일을 받다

9_ メールの添付書類を開く
이메일 첨부 파일을 열다

10_ 書類を提出する
서류를 제출하다

♪MP3 12

11_ コピーをとる
복사하다

12_ 紙詰まりを直す
용지 걸림을 고치다

13_ 資料を準備して配布する
자료를 준비해 배포하다

14_ 個人情報を含む書類を
全部シュレッダーにかける
개인 정보를 포함한 서류를
전부 분쇄기로 처리하다

15_ 勤怠管理をする
근태관리를 하다

도우미

11_ 복사は〈複写〉という漢字語。「コピー機」は복사기。

12_ 프린터에 걸린 종이를 꺼내다 / 빼내다と表現することもできる。「紙が詰まる」は용지가 걸리다。

13_ 「書類を配る」は서류를 나누다、서류를 나눠 주다。

14_ 분쇄기에 넣어 처리하다(シュレッダーに入れて処理する)とも。また、「シュレッダー」は분쇄기〈粉砕機〉のほかに파쇄기〈破砕機〉でもOK。

17_ 韓国では、경리〈経理〉と회계〈会計〉をそれほど厳密に区分せず、同じような意味で使っている会社も多い。

22_ 업무협의は〈業務協議〉という漢字語。「打ち合わせ」は회의や미팅と表現することもある。「打ち合わせをする」は사전협의를 하다（事前協議をする）とも。

16_ 仮払いをする
가불을 하다

17_ 経理部に領収証を回す
회계 부서에 영수증을 제출하다

18_ 経費精算する
경비 정산을 하다

19_ 郵便物を部内に配る
우편물을 부서 내에 나눠주다

20_ 机の上を片付ける
책상 위를 치우다

21_ 稟議書を回す
품의서를 제출하다

22_ 部下と打ち合わせをする
부하와 업무협의를 하다

♪MP3 12

23_ 議事録を取る

회의록을 작성하다

24_ 他部署に根回しする

다른 부서와 사전협의를 하다

25_ 見積書を作成する

견적서를 작성하다

26_ 商品を売り込む

상품을 팔다

27_ プレゼンに勝って契約を勝ち取る

프레젠테이션을
이겨서 계약을 따내다

28_ 契約書を法務に回す

계약서를 법무 부서에 넘기다

도우미

23_ 「テーマ」「主題」は주제。

24_ 사전 업무협의를 하다(事前業務協議をする)という表現も可能。

27_ 「プレゼンに勝つ」は경쟁 PT에 이기다とも。경쟁PTの直訳は「競争PT」で、PTは「プレゼンテーション(presentation)」のこと。

29_ 발주하다（発注する）という表現も使われる。

30_ 화상 회의は〈画像会議〉という漢字語。このほかに영상 회의〈映像会議〉、온라인 회의（オンライン会議）、텔레비전 회의（テレビ会議）とも言う。

31_ 해외에서 온 손님을 서포트하다（海外から来た客をサポートする）とも言える。

32_ 会社で「接客する」場合は、손님을 대접하다という表現もOK。

29_ 発注書を出す
발주서를 내다

30_ 海外の取引先とオンライン会議をする
해외 거래처와 화상 회의를 하다

31_ 海外からの来客に付き添う
해외에서 온 손님과 동행하다

32_ ［会社で］接客する
［회사에서］ 손님을 맞이하다

33_ 取引先と名刺を交換する
거래처와 명함을 교환하다

♪MP3 12

34_ 外回りの営業をする
밖을 돌며 영업을 하다

35_ [日帰りで]出張する
[당일로] 출장 가다

36_ 接待をする
접대를 하다

37_ [現場に]直行する
[현장으로] 바로 가다

38_ 昼休みを取る
점심 시간을 가지다

39_ 半休を取る
반차를 내다

40_ 先輩を追い越して昇進する
선배를 앞질러 승진하다

도우미

34_「外勤」という意味で외근も使われる。「今日は社外で仕事があります」なら오늘은 외근이 있어요.。

35_ 출장 가다の直訳は「出張行く」。「日帰り」は당일。これは〈当日〉という漢字語。「二泊三日」なら漢数詞を使って、2박 3일となる。

37_「直帰する」は바로 퇴근하다。前に[현장에서/외근처에서](現場から/外出先から)と付けても良い。

38_ 直訳は「昼食の時間をもつ」。가지다は갖다と縮約されることもある。

39_「有給休暇を使う」は연차를 쓰다。「休暇をもらう」は휴가를 받다。

40_「追い越す」「追い抜く」は앞지르다。

41_ 異動を希望する
이동을 희망하다

42_ 転勤の辞令が出る
전근 발령이 나다

43_ 単身赴任する
단신 부임하다

44_ 歓迎会（送別会）を開く
환영회(송별회)를 열다

42_「地方転勤になる」は지방으로 발령이 나다、「海外転勤の辞令を受ける」は해외 발령을 받다。

43_「単身赴任などで週末にしか会えない夫婦のことを、韓国では주말부부（週末夫婦）と言う。例）남편이 지방으로 발령이 나서, 이제 우린 주말부부야.（夫が地方転勤になったから、これから私たちは週末夫婦なの）

44_「歓迎会を開催する」であれば、환영회를 개최하다。

제 1 장 朝
제 2 장 通勤
제 3 장 仕事
제 4 장 SNS
제 5 장 家事
제 6 장 家で過ごす
제 7 장 健康／美容
제 8 장 趣味
제 9 장 外食／買い物
제 10 장 夜

♪MP3
13

혼잣말 / つぶやき表現

超リアルな会社でのつぶやき

1

今年の新人には大いに期待している。

올해 신입사원들에게는 크게 기대하고 있어.

신입사원들の直訳は「新入社員たち」。「期待に応える」は기대에 부응하다または기대에 보답하다。例) 기대에 부응할 수 있도록 최선을 다하겠습니다.(期待にお応えできるよう最善を尽くします)。なお、日常会話では신입사원들한테는のように、-한테(~に)がよく使われる。

2

新人を飲み会に誘ったら、サクッと断られた。

신입사원한테 술자리에 가자고 했는데 단박에 거절당했어.

「飲み会」は회식〈会食〉とも。술자리(直訳は「酒の席」)は[술짜리]と発音される。「サクッと」にあたる단박에(即座に)は단번에(ただちに)と言っても。

3

引き継ぎのために新人と一緒にクライアントのところに行くんだ。

인수인계를 위해 신입사원과 함께 거래처에 가려고.

「引き継ぎ」は인수인계という。これは〈引受引継〉という漢字語。また、신입사원과 함께の部分は、日常会話では신입사원하고 같이もよく使われる。「クライアントのところに行くんだ」は、고객한테 가려고としてもOK。

4

あ〜あ、今度の担当者は頼りないって思われちゃったかな。

아, 이번 담당자는 미덥지 못하다고 생각하셨나?

미덥다は「頼もしい」「信じるに足る」。미덥지 못하다の形で、「頼りない」という意味になる。「思われちゃったかな」という受身表現は、相手を主語にして「(相手が) 思ったかな」とすると良い。

5

今日は内勤予定だから、楽チンコーデでいいや。

오늘은 내근 예정이니까, 그냥 편하게 입자.

편하게 입자 (直訳は「楽に着よう」) は편한 복장으로 가자 (楽な服装で行こう) としても良い。ちなみに「楽な服」は편한 옷。例) 편한 옷으로 갈아입고 와. (楽な服に着替えてきなよ)

6

仕事がたまってきたなぁ。

일이 밀렸네.

밀리다は「たまる」「つかえる」。일이 밀리다で「仕事が押す」、승진에 밀리다で「(同期や後輩に) 昇進で追い越される」という意味。例) 나 이번 승진, 후배한테 또 밀렸어. (僕、今回の昇進、また後輩に抜かされたよ)。また、차가 밀리다という組み合わせで「車が混む」「車が渋滞する」となる。

♪MP3 13

7

まず、やることの優先順位をつけなきゃ。

먼저 할 일의 우선 순위를 정해야겠어.

「優先順位をつける」は、우선 순위를 정하다（優先順位を決める）と言う。ちなみに「後回しにする」は、뒤로 미루다あるいは일을 뒷전으로 미루다と言う。

8

すみません。今日は出たり入ったりで、ご連絡が遅くなりまして。

죄송합니다. 오늘은 외근을 돌다 보니 연락이 늦어졌습니다.

このフレーズで「出たり入ったりで」にあたる외근을 돌다 보니は、「外勤（外回り）を回っていたら」という意味。「席を外す」は자리를 비우다。

9

できた書類から五月雨式にください。

다 된 서류부터 조금씩 계속 보내 주세요.

「五月雨式にください」にあたる조금씩 계속 보내 주세요の直訳は「少しずつ続けて送ってください」。「出来次第すぐお送りいたします」なら되는대로 바로 보내드리겠습니다.となる。

10

その件は、一旦持ち帰って、社内で検討してもよろしいでしょうか。

그 건은 일단 저희 회사에서 다시 검토한 후에 연락드려도 될까요?

韓国語の訳は「その件は、一旦弊社で検討し直した後にご連絡しても構いませんでしょうか」。具体的な動作の「持ち帰る」は가져가다だが、この場合は上記の方がより自然な表現となる。

11

進捗状況を教えてください。

진행 상황을 알려 주세요.

진행 상황は〈進行状況〉という漢字語。「順調です」、「うまくいっています」は잘 돼 가고 있습니다.、「ちょっとトラブルが起こりました」は좀 문제가 생겼습니다.。

12

この企画、スケジュールと予算を考慮してもっと揉んでくれる?

이 기획 말인데, 일정과 예산을 고려해서 조금 더 검토해 줄래?

이 기획 말인데は「この計画の話なんだけど」。말인데の直訳は「〜の話なんだけど」。「〜のことなんだけど」の意味で使われる。例）그거 말인데요.（そのことなんですが）。「もっと揉んでくれる?」は조금 더 고민해 줄래?という表現も可能。

♪MP3 13

13

この企画書、ずいぶんバージョンアップしたね。

이 기획서, 굉장히 버전업됐네.

버전업は英語のversion upのこと。「バージョンアップしたね」は、굉장히 좋아졌네（とても良くなったね）という表現でも。ちなみに「ええ、おかげ様で」は네, 덕분입니다.や네, 덕분이에요.、네, 덕분에요.とすればOK。

14

もうまとめできてる。速いなあ。

벌써 다 마무리했네. 정말 빠르다.

마무리하다の마무리は「仕上げ」や「締めくくり」のこと。마무리를 짓다で「仕上げる」「終わらせる」という意味になる。

15

数字丸めといて。

숫자 반올림해 줘.

出された計算結果などを見やすくする「数字を丸める」は반올림하다（四捨五入する）。반は「半」「半分」、올림（上げ）は올리다（上げる）の名詞形。また、「四捨五入」は漢字語で사사오입〈四捨五入〉とも。

16

それは部長マターだ。

그건 부장님 관할이야.

「マター」にあたる관할は〈管轄〉という漢字語。似たような意味で소관〈所管〉もある。例）그건 내 소관이 아니야.（それは私の責任ではないよ）。「担当」は담당、「責任を負う、取る」は책임을 지다。例）담당자가 개인적으로 책임을 지는 경우가 많았다.（担当者が個人的に責任を取るケースが多かった）

17

上から圧力がかかった!

위에서 압력을 가해 왔어!

「圧力をかける」は압력을 가하다。例）권력을 휘둘러 압력을 가해 왔다.（権力をふるって圧力を加えてきた）。압력の発音は[암녁]。「圧力を受ける」は압력을 받다。

18

締め切りまで非常に短い期間で、大変申し訳ございません。

마감이 촉박해서 대단히 죄송합니다.

마감は마감 시일としてもOK。촉박하다は「差し迫っている」「切迫している」という意味。「締め切りを守る／破る」は마감을 지키다／지키지 못하다という。ちなみに「スケジュールがタイトだ」は스케줄이 빡빡하다。

♪MP3 13

19

なんか、今日は頭働かない。

왠지 오늘은 머리가 멍해.

直訳は「なんだが今日は頭がボーっとする」。왠지 오늘은 머리가 잘 돌아가지 않아 (なんだか今日は頭が回らない)という表現も同じ意味で使うことができる。

20

単純作業でもそれなりに時間を食うなぁ。

단순 작업이라도 나름 시간을 잡아먹네.

나름は생각하기 나름이다 (考え方次第だ)、그건 너 하기 나름이야. (それは君次第だ)のように、名詞について「～なり」「～次第」「～よりけり」という意味を表す。시간을 잡아먹다は「時間を食う」「時間がかかる」。

21

丁寧な仕事ぶりはいいんだけどねぇ…。

꼼꼼하게 정성 들여 일하는 건 좋긴 한데….

꼼꼼하다は「几帳面だ」「念入りだ」「細かい」。정성을 들이다は「真心を込める」「丹精を込める」という意味。정성을 다하다としてもOK。例) 정성을 들여 만들다 (真心を込めて作る)

22

今忙しいから、これが終わったら声掛けるね。

지금은 좀 바쁘니까, 이거 끝나면 말할게.

「これが終わったら声掛けるね」の部分は、相手が違う空間にいるときは、이거 끝나면 연락할게 (これ終わったら連絡するね) という表現にしても良い。

23

ランチミーティングにいいお店、誰か知ってるかな?

점심 먹으면서 회의하기에 괜찮은 가게 누가 알고 있으려나?

「ランチミーティング」は점심 회의 (昼食会議)、점심 미팅 (昼食ミーティング)、런치미팅 (ランチミーティング) と言い表すこともできるが、점심 먹으면서 회의하기 (昼食を食べながら会議すること) がより自然な表現になる。

24

いかん! 睡魔が! 昼ごはん食べ過ぎたかな。

어, 왜 이러지! 정말 엄청 졸리네! 점심을 너무 많이 먹었나?

「睡魔」にあたる수마という言葉が辞書にはあるが、日常会話ではほとんど使われない。정말 엄청 졸리네は「本当にひどく眠いな」。なお、졸려 죽겠다! (眠くて死にそう!) はつまり、「ものすごく眠い、眠すぎる」という意味。

♪MP3 13

25

今日はどの会議室も埋まっちゃってるなあ。

오늘은 회의실이란 회의실은 다 차 있네.

直訳は「今日は会議室という会議室は全部埋まってるなあ」。日本語と同じように어느/어떤 회의실도 다 차 있네とも言えるが、上記の表現がより韓国語らしく、自然な表現。

26

現地のエンジニアと1回擦り合わせた方がいいな。
今、向こう何時だっけ?

현지 엔지니어랑 미리 한번 얘기해 두는 게 좋을 것 같은데. 지금 거긴 몇 시지?

いくつかの案や意見を突き合わせて調整する「擦り合わせ」は、미리 얘기해 두다（事前に話しておく）となる。「擦り合わせる」には비비다という単語もあるが、これは実際に手などを擦り合わせる際に使われる。

27

やっぱ出張で行かなきゃダメかなあ。

역시 출장 가야 할까?

「出張する」は출장(을) 가다。この直訳は「出張(を)行く」。旅行や留学、研修のような移動を伴う名詞の場合には하다（する）ではなく가다（行く）を使う。例）여행(을) 가다（旅行に行く）、유학(을) 가다（留学に行く）

28

今度の出張、ビザいるんだっけ?

이번 출장은 비자가 필요했었나?

ビザに関する表現には、비자를 신청하다 (ビザを申請する)、비자를 발급하다 (ビザを発給する)、비자가 나오다 (ビザが下りる)、비자를 취득하다 (ビザを取得する)、비자를 받다 (ビザを取る)、비자가 끊기다 (ビザが切れる)などがある。

29

今日は英語のプレゼンだから、緊張するなぁ。

오늘은 영어로 하는 프레젠테이션이라 긴장되는데.

「プレゼン」はpresentationを略したPT (피티) もよく使われる。「緊張する」は긴장(이) 되다。なお、他の人に対して「緊張しないでください」という場合には긴장하다を使い、긴장하지 마세요.となる。

30

今月の営業成績、トップを取れそうだ。

나, 이번 달 영업왕 될 수 있을 것 같아.

直訳は「俺、今月、営業王なれそうだ」。왕は〈王〉という漢字語。これはその分野でトップに君臨する人を表す語。例) 홈런왕 (ホームラン王)、발명왕 (発明王)

♪MP3 13

31

山本さん、近々子会社に出向になるらしい。

야마모토 씨, 이제 조만간에 자회사로 가게 된다는데.

「出向になる」は가게 되다（行くことになる）となる。「子会社に転勤になる」であれば、자회사로 전근가다と表現することも可能。

32

さっさとこれを片付けて、休憩しよう。

빨리 이거 마무리하고 쉬자.

마무리하고の代わりに끝내고/정리하고と言うこともできる。마무리は「仕上げ」「まとめ」。「終える」は끝내다、「整理する」は정리하다。

33

デスクワークは肩が凝るなぁ。

사무직 일하면 어깨가 결리고 아파.

「肩が凝るなあ」は어깨가 뻐근하고 아파とすることもできる。결리다は「（筋肉が）張る、凝る」、뻐근하다は「凝る」という意味。「肩こり」は어깨결림、「肩の痛み」は어깨 통증。

34

パソコンで目が乾燥する。

컴퓨터 때문인지 눈이 건조해.

「目がかすむ」は눈이 침침하다。「目がひりひりする」は눈이 따갑다。乾燥するなどして「目がしょぼしょぼする」は눈이 뻑뻑하다。例）스마트폰을 오래 봤더니 눈이 뻑뻑해.（スマホをずっと見てたら目がしょぼしょぼする）

35

この資料、社外秘だよね?

이 서류, 사외기밀이지?

直訳は「この書類、社外機密だよね」。「社外秘」は、このほかに대외비〈対外秘〉とも。例）이건 당분간 대외비로 해야 해.（これは当分の間、社外秘にしないと）

36

今のはセクハラすれすれの発言じゃない?

지금 한 말 완전 성희롱 아냐?

「セクハラ」は성희롱。フレーズの直訳は「今言った言葉は完全にセクハラじゃない?」。「セクハラすれすれの発言じゃない?」は、거의 성희롱 아냐?、성희롱에 가까운 말 아냐?などと言ってもOK。

♪MP3 13

37

上司にはさからえないんだよな。

상사한테는 대들기 힘들어.

대들다は「食ってかかる」「たてつく」。会議の議論の中で、上司の「主張」「意見」にさからうのが難しい場合は、상사한테는 반박하기 힘들어.のように반박하다(反駁する、反論する)を用いればOK。

課長ときたら必要なときに限っていないんだから!

과장님은 꼭 필요할 때만 안 계신다니까!

「いないんだから」の部分は계시다を使って「いらっしゃらないんだから」となっている。同僚や部下などであれば、없다を使って、없다니까としても良い。

39

急に残業しろなんて、今日は予定があるのに。

갑자기 야근이라니, 오늘은 약속이 있는데.

「残業」をそのまま訳した잔업という単語もあるが、야근を使うのが一般的。야근は〈夜勤〉という漢字語。例) 매일같이 야근을 해요.(毎日のように残業します)。なお야근이라니は야근하라니としてもOK。

40

うちの会社も在宅勤務制度を取り入れればいいのに。

우리 회사도 재택근무 제도를 도입하면 좋을 텐데.

도입하다は「導入する」という意味。「在宅勤務」「テレワーク」は재택근무。例) 지금 집에서 재택근무하고 있어요.（今、家で在宅勤務しています）。「在宅アルバイト」は재택 알바。なお、알바は아르바이트（アルバイト）の短縮形。

41

これは経費で落とせるのかな?

이건 경비로 처리할 수 있을까?

「経費で落とす」は경비로 처리하다（経費で処理する）。「経費がかかる」は경비가 들다。費用などがかかる場合は들다、時間などがかかる場合は걸리다を使う。「請求する」は청구하다。

42

土曜出勤したので、月曜に代休を取ろう。

토요일에 출근했으니까, 월요일에 대체휴가를 쓰자.

「代休」は대체휴가と言う。ちなみに、「振替休日」は대체휴일〈代替休日〉。仕事の「休み」は휴가だが、学校などの長期休暇には방학を使う。例) 여름방학（夏休み）、봄방학（春休み）

♪MP3 13

43

早く有休消化しないと消えちゃう!

빨리 유급 휴가를 쓰지 않으면 없어져 버려!

「有給休暇」は유급휴가。연차유급휴가〈年次有給休暇〉は연차、월차유급휴가〈月次有給休暇〉は월차と略される。「休暇を取る」は휴가를 내다、휴가를 받다。半休は반차。

夕方には、化粧が崩れてる。

저녁 때쯤 되면 화장이 지워져 버려.

直訳は「夕方ごろになると、化粧が全部崩れてしまう」。저녁엔 화장이 지워져とすることも可能。「化粧が崩れる」は화장이 지워지다。

45

辞めることばっかり考えないで、とりあえず今の仕事を頑張ろう。

그만둘 생각만 말고 일단 지금 하는 일을 열심히 하자.

그만둘 생각만 하지 말고としてもOK。「辞める」は그만두다。例) 이제 그만두자 (もう辞めよう、もうよそう)。「とりあえず」は일단。これは「ひとまず」、「一応」という意味。例) 일단 해 봐요. (とりあえずやってみて下さい)

46

送別会は飲み放題でいいよね。

송별회는 음료 무한리필로 괜찮지?

음료 무한리필は「飲料無限リフィル」で「飲み放題」。리필は英語のrefilで「おかわり」のこと。「食べ放題」は음식 무한리필（食べ物無限リフィル）や뷔페などのように言う。뷔페はビュッフェ、バイキングのこと。

47

新人歓迎会にはどのお店がいいか、当たりをつけといて。

신입 사원 환영회에는 어떤 가게가 좋을지 한번 알아봐 줘.

「当たりをつける」は알아보다（調べる、探す）を使う。例）제가 한번 알아볼게요.（私が一度調べてみますね）。「おいしいお店」は맛집。「予約しておく」は예약해 두다。

48

今日は定時で上がろう。

오늘은 정시에 마치자.

마치자の代わりに끝내자を使うことも可能。「早退」は조퇴、「定時退社」は정시 퇴근。定時退社のことを칼퇴근とも言う。칼は「刃」「ナイフ」のことで、刃物で切ったようにスパッと素早く帰ることを表現している。例）오늘도 칼퇴근이야?（今日も定時退社？）

♪MP3 14

대화 ／ やりとり

学んだ表現で(　)を埋めて、1ターンの会話を完成させよう

1／

どこから始めていいのか分からないなぁ。

어디서부터 손대야 될지 모르겠네.

やるべきことの優先順位をつけた方がいいよ。

해야 할 일의 우선 순위를 (　　　　)는 게 좋아.

2／

この案件、一旦持ち帰ってよろしいでしょうか。

이 안건은 일단 (　　　　) 회사에서
다시 (　　　　) 후에 연락드려도 될까요?

どうぞ。御社でご検討ください。

네, 그러시죠. 그럼, 검토 잘 부탁드립니다.

정답

1 (정하)　어디서부터 손대야 될지 모르겠네.の直訳は「どこから手を付けたらいいのか分からないなぁ」。어디서부터 시작해야 될지 모르겠네と言ってもOK。

2 (저희) (검토한)　「御社」にあたる귀사という韓国語はあるが、あまり使われない。

3/

この企画をどのように見直すつもりですか?

이 기획을 어떻게 재검토하실 건가요?

スケジュールと予算を再検討します。

(　　　　　)과 (　　　　　)을 재검토하겠습니다.

4/

仕事の進捗状況はいかがですか?

일의 (　　　　　) (　　　　　)은 어떻습니까?

思うようには進んでません。

생각보다 진척이 좀 더딥니다.

5/

次のブラジル出張にビザは必要なんですか?

다음 브라질 출장 때 (　　　　　)가 필요한가요?

はい。すでに失効しているので、もう一度申請しないといけません。

네. 이미 비자 기간이 끝나서 다시 신청해야 합니다.

3 | (일정) (예산) 「スケジュールと予算」という組み合わせでは、스케줄より일정〈日程〉という漢字語のほうがよく使われる。

4 | (진행) (상황) 「進歩状況」は진척 상황〈進捗状況〉としても。

5 | (비자) 비자 기간이 만료돼서 (ビザの期間が満了して) も自然な表現。

♪MP3 15

상황극 / 職場の一場面

教育係はつらいよ

후배 : 저기, 선배님, 이게 준비한 자료인데요.이걸로 복사해서 배포해도❶ 되겠습니까?

선배 : 기획서 벌써 완성했어?❷ 빠르네! 어디 한번 볼까? 굉장히 버전업됐네.

후배 : 네, 감사합니다. 하지만 인수인계를 위해 신입사원과 함께 거래처에 가는데 시간이 걸려서 서류 업무❸가 밀렸습니다.

선배 : 맞아. 서류 작업은 단순 작업이라도 나름 시간을 잡아먹으니까.
그런데 올해 신입사원은 어때? 기대하고 있는데 말야.

후배 : 술자리에 가자고 해도 매번 단박에 거절당합니다. 그래도 일은 제대로❹ 잘해 냅니다.

선배 : 허허! 너도 힘들겠다. 그래도 너도 교육 담당이 되더니 아주 야무지게❺ 잘하고 있어. 정말 믿음직스러워❻.

후배 : 감사합니다. 그래도 아직 프레젠테이션은 긴장됩니다.

선배 : 요즘 계속 늦게까지 남아서 일하고 있지? 이거 빨리 마무리하고
오늘은 정시에 마치고 한잔하러 가자고!

후배 : 예! 선배님 말씀 따르겠습니다❼!

後輩：すみません、これが準備した資料です。これでコピーして配布していいですか？

先輩：企画書もうできたんだ？　速いな！　どれどれ…ずいぶんバージョンアップしたね。

後輩：はい、ありがとうございます。でも引き継ぎのために新人とクライアントのところに行くのに時間がかかって、書類仕事がたまってきちゃいまして。

先輩：確かに、書類仕事は単純作業でもそれなりに時間を食うもんなぁ。ところで今年の新人はどう？　期待してるんだけど。

後輩：飲み会に誘っても毎回サクッと断られてばかりですが、仕事はきちんとこなしますよ。

先輩：はは！　君も大変だなあ。でも君も教育係になってずいぶんしっかりしてきたね。頼もしい限りだよ。

後輩：ありがとうございます。まだまだプレゼンは緊張しますけど…。

先輩：このところ遅くまで残業してるだろう。さっさとこれを片付けて、今日は定時で上がって飲みに行くぞ！

後輩：僕は断りませんよ！

語注

❶배포하다：配布する
❷완성하다：完成する
❸업무：業務、仕事
❹제대로：ちゃんと、きちんと、満足に
❺야무지다：しっかりしている
❻믿음직스럽다：頼もしい
❼따르다：従う、ついて行く

복습 ／ 제3장に出てきたフレーズの復習

以下の日本語の意味になるよう韓国語文を完成させます。答えはページの下にあります。

❶ 電話を転送する ➡P076
전화를 (　　　　)하다

❷ 外線と内線を間違える ➡P076
(　　　　)과 (　　　　)을 틀리다

❸ 文字化けしたメールを受け取る ➡P077
(　　　　)가 (　　　　) 메일을 받다

❹ 仮払いをする ➡P079
(　　　　)을 하다

❺ すみません、今日は出たり入ったりで、ご連絡が遅くなりまして。 ➡P086
죄송합니다. 오늘은 (　　　　)을 (　　　　) (　　　　) 연락이 늦어졌습니다.

❻ 数字丸めといて。 ➡P088
숫자 (　　　　)해 줘.

❼ やっぱ出張で行かなきゃダメかなあ。 ➡P092
역시 출장 (　　　　) (　　　　)?

❽ この資料、社外秘だよね？ ➡P095
이 서류, (　　　　)이지?

❾ これは経費で落とせるのかな？ ➡P097
이건 (　　　　)로 (　　　　) 수 있을까?

❿ 早く有休消化しないと消えちゃう！ ➡P098
빨리 (　　　　) (　　　　)를 쓰지 않으면 없어져 버려!

정답

❶ 착신전환
❷ 외선/내선
❸ 글자/깨진
❹ 가불
❺ 외근/돌다/보니
❻ 반올림
❼ 가야/할까
❽ 사외기밀
❾ 경비/처리할
❿ 유급/휴가

제 4 장

스마트폰・PC생활 ／ スマホ・PCライフ

スマホと一心同体！という人も多いこの時代。
もはやスマホやパソコンなしに日常は語れません。
ここでは、SNSにまつわるフレーズを含めた、
スマホやパソコンに関係する表現を集めました。

♪MP3 16

단어편 / 単語編

この後のフレーズに出てくる単語を予習しよう！

① 스마트폰
② 앱
③ 스크린 샷
④ 셀카
⑤ 팔로워
⑥ 백업
⑦ 소프트웨어
⑧ 바이러스
⑨ 공유 서버
⑩ 공급자/프로바이더
⑪ 요금제
⑫ 화면
⑬ 배터리
⑭ (SNS의) 사용자 계정
⑮ 친구 신청
⑯ 게시물
⑰ 태블릿 컴퓨터
⑱ 동영상

⑲노트북
⑳오류
㉑블로그
㉒악플 폭주
㉓공지메일
㉔(디지털) 배포
㉕아날로그판
㉖데이터 사용량
㉗첨부 (파일)

♪MP3 17

활동 / 体の動き

スマホやPCに関連する動作を韓国語で言ってみよう!

1_ スマホをチェックする
스마트폰을 확인하다

2_ スマホを充電する
스마트폰을 충전하다

3_ スマホの壁紙を変える
스마트폰 배경 화면을 바꾸다

도우미

1_ 「スマホのパターンロックを解除する」は스마트폰 패턴을 풀다(スマホのパターンを解く)、「スマホのロック解除」は스마트폰 잠금 해제(スマートフォンの施錠解除)。잠금は잠그다(鍵を掛ける)の名詞形。

3_ PCやスマホの「壁紙」は배경 화면〈背景画面〉または바탕 화면〈基本画面〉と言う。「ロック中の画面」は잠금 화면。また、「デスクトップ」は바탕화면、데스크탑と言う。

4_ 「アプリ」は앱と言う。

6_ 신곡の部分を음원〈音源〉とすれば、「(配信)音源を取り込む」の意味になる。なお、データなどを「取り込む」は다운받다。

7_ 스크린 샷の短縮形である스샷もよく使われる。

8_ 「自撮り」は셀카で、셀프카메라(self camera)の短縮形。

10_ 인스타그램の短縮形である인스타を使ってもOK。

4_ スマホにアプリをインストールする
스마트폰에 앱을 설치하다

5_ 音楽をダウンロードする
음악을 다운로드하다

6_ iTunesに新しい曲を取り込む
아이튠즈로 신곡을 다운받다

7_ スクリーンショットを撮って送る
스크린 샷을 찍어 보내다

8_ 自撮りする
셀카를 찍다

9_ 写真を加工する
사진을 편집하다

10_ 写真をInstagramにあげる
사진을 인스타그램에 올리다

♪MP3 17

11_ Wi-Fiでカメラからスマホに写真データをとばす
와이파이로 카메라에서 스마트폰으로 사진 데이터를 전송하다

12_ Twitterでつぶやく
트위터에 글을 올리다

13_ リツイートされる
리트윗되다

14_ LINEのIDを交換する
라인 아이디를 교환하다

15_ 既読スルーする
읽고도 답을 안 하다

16_ Facebookに投稿する
페이스북에 글을 올리다

도우미

11_ 전송하다は「転送する」という意味。

12_ 트위터에 글을 남기다としても良い。ちなみに「打ち間違い」は오타〈誤打〉。

14_ 韓国でよく使われている「カカオトーク」は카카오톡。略して카톡とも。

15_ 「既読スルー」を表すのに、ややくだけた表現として읽씹があるが、これは읽고 씹다(読んでいるのに無視する)を短くした言葉。

16_ Facebookは略して페북やFBとも。「いいね!」は좋아요。

17_ 「アカウント」は계정。아이디(ID)としてもOK。

18_ 「フォロー」は팔로우。「アンフォロー」は언팔로우、略して언팔とも。증가하다(増加する、増える)の代わりに늘다(増える)としてもOK。

19_ 「パソコン」は一般的に피시(PC)と言う。

20_ 백업을 받다(バックアップをもらう)とも。

17_ アカウントの公開設定を変更する
계정의 공개 설정을 변경하다

18_ フォロワーが増える
팔로워가 증가하다

19_ スマホとパソコンを同期する
스마트폰과 PC를 동기화하다

20_ バックアップを取る
백업을 하다

♪MP3 17

21_ パソコンを立ち上げる
컴퓨터를 켜다

22_ 再起動する
껐다 켜다

23_ ソフトをインストールする
소프트웨어를 설치하다

24_ ソフトをバージョンアップする
소프트웨어를 업데이트하다

도우미

21_ 켜다は「電気をつける」「テレビをつける」などの「つける」にも使うことができる。

22_ 재기동하다(再起動する)、재부팅하다(再ブーティングする)も同じ意味。

23_「インストールする」は설치하다(設置する)で表現できる。

24_ 업데이트は「アップデート」のこと。

26_ 「Bluetooth」は블루투스。

27_ 권한は〈権限〉という漢字語。「アクセス権」は접근 권한〈接近権限〉または접속 권한〈接続権限〉としてもOK。

29_ 시스템을 업데이트하다(システムをアップデートする)も同じ意味。

31_ 「カット」は잘라내기、「コピー」は복사、「ペースト」は붙여넣기。

25_ スマホの空き容量を増やす

스마트폰의 여유 공간을 확보하다

26_ Bluetoothでプリンターをつなぐ

Bluetooth로 프린터를 연결하다

27_ サーバーのアクセス権を申請する

서버의 액세스 권한을 신청하다

28_ パソコンを初期化する

PC를 초기화하다

29_ OSをアップデートする

OS를 업데이트하다

30_ アイコンをダブルクリックする

아이콘을 더블 클릭하다

31_ アイコンをドラッグ&ドロップする

아이콘을 드래그 앤 드롭하다

♪MP3 17

32_ 画像をスキャンしてパソコンに取り込む

이미지를 스캔하여 PC에 저장하다

33_ パソコンがウイルスに感染する

PC가 바이러스에 감염되다

34_ 共有サーバーにデータをアップする

공유 서버에 데이터를 올리다

35_ ファイルを圧縮する

파일을 압축하다

36_ プロバイダと契約する

프로바이더와 계약하다

37_ ネットを閲覧する

인터넷을 열람하다

38_ リンクをシェアする

링크를 공유하다

도우미

32_「画像」は이미지(イメージ)。이미지를 스캔하여 PC에 입력하다とも。

33_「ウイルス」は바이러스(virus)。

34_「アップする」の올리다は「あげる」という意味。업로드(upload) 하다とも。

35_「圧縮ファイルを解凍する」は압축파일을 풀다(圧縮ファイルを解く)、「圧縮ファイルを開ける」は압축파일을 열다。

38_ 공유하다は「共有する」という意味。

39_ ネットで検索する
인터넷으로 검색하다

39_ 인터넷을 검색하다/서치하다 (インターネットを検索する／サーチする) もよく使われる表現。

40_ ブックマークする
북마크하다

40_ 「ブックマークする」は즐겨찾기하다 (好んで訪ねる) もよく使われる。「ブックマークを追加する」は즐겨찾기를 추가하다。

41_ 自分のウェブサイトを作る
자기 웹 사이트를 만들다

41_ 「ホームページを作る」は홈페이지를 만들다。

42_ ブログを立ち上げる
블로그를 시작하다

42_ 直訳は「ブログを始める」。「ブログを更新する」は블로그에 새로 글을 올리다 (ブログに新しく文を載せる)。

♪MP3 18

혼잣말 / つぶやき表現

生活に欠かせないスマホ・PC・SNS関連のつぶやき

1

スマホの料金プランって分かりにくい。

스마트폰 요금제는 이해하기 어려워.

「料金プラン」にあたる요금제は「料金制」という意味。이해하기 어려워の直訳は「理解しづらい」。これで「分かりにくい」という意味になる。また、복잡하다（複雑だ）を使って스마트폰 요금제는 너무 복잡해.としてもよい。

2

僕のスマホには初めからいろんなアプリが入ってるけど、いくつかしか使ってない。

내 스마트폰에는 처음부터 여러 가지 앱이 들어 있었는데, 쓰는 건 몇 개 안 돼.

앱이 들어 있었는데は앱이 깔려 있었는데としてもOK。앱は애플리케이션の短縮形で、어플とも言う。また、쓰는 건 몇 개 안 돼の代わりに、몇 개밖에 사용하지 않아という表現も可能。

3

地下だから、Wi-Fi圏外になっちゃってる。

지하라서 와이파이가 안 잡혀.

「Wi-Fiがつながりません」は와이파이가 안 터져요.、「ここ、Wi-Fi使えますか?」は여기, 와이파이 돼요?となる。「パスワードは何ですか?」は、비밀번호가 뭐예요?。

4

スマホがないと、今の時間も待ち合わせ場所も相手の連絡先も分からなくなっちゃう。

스마트폰이 없으면 지금 몇 시인지도 약속 장소도 상대방 연락처도 알 수 없게 돼.

알 수 없게 돼の直訳は「知ることができなくなる」。연락처は「連絡先」。例) 연락처를 알려 주세요. (連絡先を教えてください)

5

歩きスマホ、危ないったら。

걸어가면서 스마트폰 보면 위험해.

韓国語には「歩きスマホ」に相当する名詞がないため、「歩きながらスマホを見る」といった表現になる。「運転中にスマホを使う」は운전하면서 스마트폰을 쓰다/사용하다でOK。

6

フリック入力にしたら、めっちゃ楽。

플릭입력으로 하니까 정말 엄청 편해.

「フリック」は플릭。「フリック入力にしたら」の部分は플릭 방식으로 입력하니까 (フリック方式で入力したら)という表現も可能。엄청は「ものすごく」「めっちゃ」という意味。例) 엄청 맛있어! (めっちゃおいしい)。

♪MP3 18

7

がーん、スマホ画面割れちゃった。

으악, 스마트폰 화면 깨졌어.

깨지다はここでは「割れる」だが、ほかに「壊れる」「砕ける」「ダメになる」という意味もある。例えば「文字化けする」は글자가 깨지다。なお、「スマホを落とす」は스마트폰을 떨어뜨리다。「液晶画面」は액정 화면。

8

家までスマホの電池が持たない!

집에 도착하기 전에 스마트폰 배터리가 닳아 버리겠어!

집에 도착할 때까지 스마트폰 배터리가 못 버텨!としても、韓国語としてこなれた表現になる。スマホなどの「電池」は배터리(バッテリー)。닳다の意味は「すり減る」。「充電が残り10％しかない」は배터리 10% 밖에 안 남았어.となる。

9

Facebookやってる?

페이스북 해?

「Facebookに登録する」は페이스북에 가입하다(Facebookに加入する)、「Facebookに再登録する」は페이스북에 재가입하다(Facebookに再加入する)、「Facebookを退会する」は페이스북을 탈퇴하다。「コメントする」は댓글을 달다。名詞化した댓글달기もよく使われる。「タグ」は태그または택、「友達リクエスト」は친구 요청、「シェアする」は공유하다。

10

LINEのID教えて!

라인 ID 알려 줘!

알려 주세요.とすると「教えてください」という意味になる。これは、電話番号や住所、メールアドレスなど、教えてほしいものがあるときに活用できるフレーズ。LINEなどで使われるスタンプのことは스티커と言う。

11

友達申請したのに、承認がまだ来ない。

친구 신청했는데 아직 수락이 안 왔어.

「友達申請」は친구 요청としてもOK。また、「まだ友達に追加されていない」というニュアンスで、아직 친구 추가가 안 됐어.という表現もある。

12

キーワードで検索すれば出てくるよ。

키워드로 검색하면 나올 거야.

「何と検索したらいいですか?」は、뭐라고 검색하면 돼요?となる。「QRコード見せてください」は、큐알 코드 보여 주세요.でOK。

♪MP3 18

13

いつも「いいね！」をありがとう。

항상 "좋아요" 눌러 줘서 고마워.

「いいね！する」は、"좋아요"를 누르다。例）"좋아요"를 눌러 주세요.（「いいね！」してください）。「写真をアップする」は사진을 올리다と言う。「タグ付けする」は택（을）달다。

14

Facebookでつながってるのは趣味の友達オンリーなんだ。

페이스북으로 연락하는 건 동호회 친구들뿐이야.

「Facebookで連絡するのは同好会の友達だけなんだ」が直訳。연락하는 건の代わりに연결되는 건（つながるのは）という表現も可能。동호회の代わりに동우회（同友会）としてもOK。

15

この人ブロックしたいなあ。

이 사람 차단하고 싶어.

「ブロックする」にあたる차단하다は「遮断する」という意味。LINE友達をブロックすることも친구 차단でOK。

16

公式アカとは思えない大胆な発言だね。

공식 계정으로 어떻게 저런 대담한 발언을 하지?

「公式アカウントで、どうやってあんな大胆な発言をするの?」という反語的表現。インターネットの「アカウント」は外来語の어카운트はあまり用いられず、漢字語の계정〈計定〉のほうが一般的。例) 하나의 계정으로 여러 개의 디바이스를 이용할 수 있습니다.(1つのアカウントで、いくつかのデバイスを利用できます)

17

SNSでのリア充アピールは、正直イタい。

SNS로 자랑하는 건 정말 꼴불견이야.

「SNSでのリア充アピールは」の部分は、相手に言う場合であればここで紹介したSNS로 자랑하는 건(SNSで自慢することは)ぐらいの表現が良い。SNS 자랑질という表現もあるが、これは面と向かって言うとキツい言葉になるので要注意。꼴불견の꼴は「格好」「ざま」、불견は〈不見〉で、「みっともない」「見苦しい」の意味。

18

「いいね!」連発に疲れたので、ソーシャルデトックスしたい。

“좋아요” 계속 누르기도 지치고,이제 그만 SNS 멀리하고 싶어.

「ソーシャルデトックス」に近い表現として、SNS 멀리하기という名詞形もある。例) SNS 멀리하기 첫날(ソーシャルデトックス初日)、SNS 멀리하기 실천하고 있어요.(ソーシャルデトックス実践中です)

♪MP3 18

19

インスタでハッピーな写真見てると、時間があっという間に過ぎる。

인스타에서 행복한 사진 보고 있으면 시간이 금방 가.

행복한 사진の部分を入れ替えるとさまざまな表現ができる。例えば、고양이 사진（ネコの写真）、재미있는 동영상（面白動画）など。시간이 가다は「時間が過ぎる」「時間が経つ」。例）너무 재미있어서 시간 가는 줄 몰랐어.（面白すぎて時間が経つのも忘れた）

20

写真のテイストを統一させるのってかなり難しい…。

사진의 느낌을 통일감 있게 표현하는 건 꽤 어려워.

ここでの「テイスト」にあたる느낌は「感じ」「感覚」という意味。「感じがする」は느낌이 들다となる。「写真のテイスト」は사진의 분위기（写真の雰囲気）とも表現できる。

21

インスタ映えする景色〜！！！

인스타에 올리기 딱 좋은 경치다!!!

「インスタにあげるのに、ぴったり良い景色だ」が直訳。インスタ映えする場所のことを인스타 성지（インスタ聖地）のように言うこともある。例）여기가 인스타성지래!（ここがインスタ映えする場所なんだって！）

22

既読スルーも未読スルーもつらい。

읽고 답이 없는 것도 아예 읽지 않는 것도 괴로워.

괴롭다は「つらい」「苦しい」「面倒だ」などの意味がある。읽씹도 안 읽음도 둘 다 괴로워.（既読スルーも未読スルーも、どちらもつらい）としてもOK。

23

漫画はタブレットに限るよね。

만화는 태블릿으로 보는 게 진리야. 그치?

「漫画はタブレットで読むのが真理だよ。でしょ？」が直訳。「電子書籍」は전자책、「オンライン書店」は인터넷 서점。

24

SNSは下手するとさらされるから怖い。

SNS는 까닥 잘못하다가는 사생활이 그대로 노출되니까 무서워.

直訳は「SNSは、ともすると誤って私生活がそのまま露出するから怖い」。インターネット上での「さらし」にあたる신상털기のような表現もある。신상は「身の上」という意味で、漢字で書くと〈身上〉。털기は「暴くこと」という意味。

♪MP3 18

25

拡散希望!

널리 널리 퍼트려 주세요!

널리 널리は「広く広く」。퍼트리다は「広める」「言いふらす」という意味。공유 많이 부탁드립니다!(共有、たくさんお願いします!)や많이 공유해 주세요!(たくさん共有してください!)という表現も可能。「たくさん」を強調するために、많이 많이のように많이を2回使う場合もある。공유は〈共有〉。

26

この記事うける!

이 기사 정말 웃겨!

「うける」は、「面白い」というニュアンスの場合は재미있다、「笑わせる」「おかしい」というニュアンスの場合は웃기다となる。재미있다は、재밌다と縮約されることも多い。また、웃기다は「理解できない」「どうかしている」という意味で使われる場合もある。例)재, 또 왜 저래? 정말 웃기네!(あの子、またどうしたの。まったくどうかしてる!)。けんかの場面での이 사람, 정말 웃기고 있네.は「あの人、まったくどうかしてる/正常じゃない/いかれている」の意味。

27

お~! YouTubeにお気に入りのバンドの新しい動画がアップされてる!

오! 유튜브에 좋아하는 밴드의 새 동영상이 올라왔어!

동영상〈動映像〉の代わりに영상〈映像〉を使ってもOK。좋아하는 밴드의 새 유튜브 영상이 올라왔어!とも表現できる。また、「アップされてる!」は업로드됐어!でも良い。업로드は「アップロード」。유튜브は短く유튭と表現することもある。なお、韓国ではYouTubeのことを너튜브(너=You)と言う場合もある。

28

SNSは人間関係が面倒だなぁ。

SNS는 인간 관계가 귀찮아.

「コメント」や「返信」は댓글。「リプライ」は리플라이だが、「リプ」にあたる리플がよく使われる。ネットなどで問題となる「悪質コメント」「クソリプ」は악플と言うが、악は〈悪〉で、直訳すると「悪リプ」。

29

この古いワイヤレスマウス、新型ラップトップで使えるかな?

이 오래된 무선 마우스, 신형 노트북에 사용할 수 있을까?

「ワイヤレス」は무선〈無線〉。「ラップトップパソコン」「ノートパソコン」は노트북と言う。ちなみに「キーボード」は키보드または자판〈字板〉、「外付けハードディスク」は외장하드(直訳は「外装ハード」)。

30

新しいOSが出たけど、様子見してアップグレードすべきかどうか見極めよう。

새로운 OS가 나왔는데, 상황을 보고 업그레이드해야 할지 어떨지 결정하자.

このような場合の「様子見する」は상황을 보다(状況を見る)を使うと良い。「見極める」は、ここでは결정하다(決定する、決める)とした。

♪MP3 18

31

このWi-Fiルーター、ネットとつながるのが遅過ぎてイライラする。

이 와이파이 공유기, 인터넷 연결이 너무 느려서 짜증 나.

「ルーター」は공유기〈共有機〉で、라우터とも。「無線LANをつなぐ」は무선 랜 공유기를 연결하다となる。「ネットがつながる」は인터넷이 연결되다（インターネットが連結する）、인터넷 접속이 되다（インターネット接続ができる）。「ネットがつながらない」は인터넷이 안 되다（インターネットがだめだ）、인터넷 접속이 안 되다（インターネット接続がだめだ）。例）인터넷이 됐다 안 됐다 정말 짜증나!（ネットつながったりつながらなかったり…いらいらする!）

32

また固まっちゃった!

또 멈춰 버렸네!

또 멈췄네! もよく使われる。また、関連フレーズとして아직(도) 로딩 중이네.（まだローディング中だね）という表現も。

33

ソフトを一度にたくさん立ち上げ過ぎだよ。

소프트웨어를 한꺼번에 너무 많이 열어 놨어.

「ソフトを立ち上げる」は소프트웨어를 열다（ソフトウェアを開く）。

34

これ、インストールしても、不具合起きたりしないよね?

이거 설치해도 오류가 생기거나 하진 않겠지?

오류はシステム上の「不具合」を指す言葉で、漢字で書くと〈誤謬〉。このような場面では、이거 설치해도 괜찮겠지? (これインストールしても大丈夫だよね?)と表現することも可能。また、「インストールする」を表現する単語に깔다もある。

35

最近、スマホの動作が重いんだよね。

요즘 내 스마트폰 너무 느려.

「最近、私のスマートフォン、すごく遅い」が直訳。느리다は速度や動作などが「遅い」の意味で、反意語は빠르다。一方、時間や時刻が「遅い」場合には、늦다を使う。

36

ちぇっ! クラウドにもう空き容量がないの?

뭐야! 클라우드에 벌써 여유 공간이 없는 거야?

この場合の「空き容量」は여유 공간〈余裕空間〉。남은 용량(残った容量)とも言う。「メモリー」は메모리。例) 메모리가 꽉 찼어요.(メモリーがいっぱいになりました)

♪MP3 18

37

ググって疑問が解決しても、その後頭に残らないんだよ。

구글로 검색해 의문이 해소돼도 후에 머리에는 안 남아.

「ググる」は、구글로 검색하다(Googleで検索する)。ここでは「疑問が解決する」を의문이 해소되다(疑問が解消する)とした。なお、「疑問が解ける」は의문이 풀리다、궁금증이 풀리다も同じ意味で使える。궁금증の意味は「気になること」。궁금하다は「(知りたくて)気になる」。

38

いつもながらネットで申し込むと安上がりだ。

항상 그렇듯이 인터넷으로 신청하면 싸게 먹혀.

항상 그렇듯이は「いつもそうであるように」。ここでの「申し込む」は신청하다(申請する)と表現すればOK。「安上りだ」の싸게 먹혀は、싸게 치여とすることも可能。

39

これ、ブログのネタにいいかも。

이거, 블로그 소재로 괜찮겠다.

ここでの「ネタ」にあたる소재は〈素材〉という漢字語。ちなみに、「話のネタ」は이야깃거리。괜찮겠다は、「良さそう」というニュアンス。「パワーブロガー」は파워 블로거。

40

このブログ炎上しちゃってる。

이 블로그 악플 폭주야.

폭주は「ラッシュ」「一点に集まること」を意味する。炎上に関する表現としては、악플이 쇄도했다.(クソリプが殺到した)、이 블로그 난리 났어!(このブログ、大変なことになってる!)、악플로 도배됐어!(クソリプで張り紙されたよ!=クソリプだらけにされたよ!)などがある。악플(クソリプ、悪意あるコメント)は악(悪)+플(reply=리플라이の플)。악플の反対語は선플で、선(善)+플。例)우리 이제 악플 말고 선플 달아요.(私たち、これからは悪意あるコメントではなく、優しいコメントをつけましょう)

41

チケット予約サイトにつながらない。アクセスが集中してるんだな!

티켓 예약 사이트에 접속이 안 돼. 접속자가 엄청 몰렸나 보네!

「サイトにつながる」という場合には접속(接続)を使う。「アクセス集中」を表す場合、접속 폭주といった表現も使える。

42

うわっ、うっかり迷惑メール開けちゃった。

앗, 실수로 스팸메일을 열었네.

ここでの「うっかり」は、실수로(失敗して)で表現している。「迷惑メール」は스팸메일(スパムメール)。「開けちゃった」の部分は、열어 버렸네としてもOK。

♪MP3 18

43

このメルマガ、登録は簡単なのに、解除はすごく面倒くさい。

이 공지메일 등록은 간단한데, 해제는 너무 번거로워.

번거롭다は「複雑だ」「ややこしい」「回りくどい」「厄介だ」などの意味がある。例）수속이 너무 번거롭다.（手続きがわずらわしい）。너무 번거로워の部分は、정말 귀찮아とも言える。

ゲ！ キーボードにお茶こぼしちゃった。

으악! 키보드에 음료수를 쏟았어.

쏟았어の部分は쏟아 버렸어とすることもできる。음료수はアルコール以外の飲み物全般を指す言葉。一方、同じ「飲み物」でも마실 것/거にはアルコール類も含まれる。例）마실 거 뭘로 하실래요?（お飲み物は何になさいますか?）

何かアヤシい画面が出てきた。

뭔가 수상한 화면이 나왔어.

수상하다は「怪しい」「不審だ」という意味。例）뭔가 수상하네요.（何か怪しいですね）、수상한 메일은 읽지 말고 바로 삭제하세요.（怪しいメールは、読まずにすぐ削除してください）

46

Wikiの内容を鵜呑みにしちゃダメ。

위키피디아의 내용을 무조건 그대로 받아들이면 안 돼.

위키피디아は위키백과 (Wiki百科)とも言う。무조건は「無条件に」「無条件で」という意味。「鵜呑みにする」は、무조건 그대로 받아들이다 (無条件にそのまま受け入れる)のように表現する。

47

この曲は配信とアナログ盤で出てる。

이 곡은 음원과 아날로그판으로 발매됐어.

음원は〈音源〉という漢字語で、ダウンロードやストリーミングによる配信のことを指す。음원 서비스 (音源サービス)のように言い表すこともある。

48

課金のスマホゲームはやらない。

돈 나가는 스마트폰 게임은 안 해.

돈 나가다は「お金が出ていく」という意味。「料金がかかる」は요금이 들다。「スマホゲーム」は모바일 게임 (モバイルゲーム)とも。

♪MP3 18

49

新聞は紙から電子版に切り替えた。

신문은 종이에서 온라인판으로 바뀠어.

온라인판(オンライン版)は、漢字語を使って전자판(電子版)としてもOK。바꾸다には「切り替える」のほかに、「取り替える」「交換する」といった意味もある。

50

フリーWi-Fiあるところじゃないと、通信量がばかにならない。

무료 와이파이를 쓸 수 있는 곳이 아니면 데이터 사용량이 만만치 않아.

「通信量」は데이터 사용량(データ使用料)。만만치 않다は「侮れない」「馬鹿にできない」「手ごわい」。「通信量がばかにならない」は데이터 사용량(을) 무시 못 해(データ使用料を無視できない)と表現してもOK。

51

このMacでは最新のWord形式が開けないんだよね。

이 Mac에서는 최신 Word가 열리지 않아.

Macは맥、Windowsは윈도という。Wordは워드、Excelは엑셀。例) 워드로 작성한 문서를 PDF로 저장하다(Wordで作った文書を、PDFで保存する)

52

しまった！ このPC、パワポ入ってないじゃん。

아차! 이 PC, 파워포인트 없잖아.

아차!の代わりに아, 맞다!でもOK。「パワポ入ってないじゃん」の部分は、파워 포인트 안 들어 있잖아.、または파워 포인트 안 깔았잖아.でもOK。깔다は「敷く」の意味。

53

間違いの証拠として、この画面のスクショを撮って添付で送ろう。

잘못됐다는 증거로 이 화면의 스크린 샷을 찍어서 첨부해서 보내자.

잘못되다は「間違う」「誤る」。例）잘못된 정보가 인터넷을 통해 확산되고 있다.（誤った情報がインターネットを通して広まっている）。스크린 샷は스샷としても良い。

♪MP3 19

대화 ／ やりとり

学んだ表現で(　)を埋めて、1ターンの会話を完成させよう

1／

僕のスマホ、なんで電波悪いのかなぁ。

내 스마트폰, 왜 전파가 잘 안 잡히는 거지?

ひょっとして地下だと圏外なのかも。

어쩌면 (　　　　) 통화권 이탈일지도 몰라.

2／

Facebookやってる?

페이스북 해?

うん。でもしばらく投稿してないけど。

응, 근데 글 안 (　　　　) 지 꽤 됐어.

정답

1 (지하라서)　スマホの「圏外」は통화권 이탈〈通話圏離脱〉。

2 (올린)　SNSへ文章や写真を「投稿する」「あげる」ことは올리다で表現できる。

3/

SNSは人間関係が面倒だなぁ。

SNS는 인간 관계가 (　　　　).

そうね。私生活がさらされる危険もあるし。

맞아. 사생활이 그대로 노출될 위험도 있고.

4/ 見て！ あの人、スマホ見ながらエスカレーターを下ってる。

봐! 저 사람 (　　　　) 보면서
에스컬레이터 내려가고 있어.

ひどいね！ 言語道断だよ。

너무하네! 기가 막혀 말도 안 나오네.

5/

がーん、スマホ画面割れちゃった。

으악, 스마트폰 화면이 (　　　　).

本当に？ 私は使えるなら気にしないけどね。

정말이야? 나는 폰 사용할 수만 있다면
그런 건 별로 신경 안 쓰기는 한데.

3 (귀찮아)　ここでの「そうね」は同意の意味なので、맞다（正しい、合っている）を使っている。

4 (스마트폰)　「エレベーターに乗る」なら엘리베이터를 타다。「エレベーター」は승강기〈昇降機〉でもOK。

5 (깨졌어)　폰はスマホや携帯電話を意味する縮約形。신경(을) 쓰다で「気にする」。

♪MP3 20

상황극 ／ カフェで友達とティータイム

アンチSNSへの布教に成功

여자 1 : 인스타에서 #먹스타그램을❶ 보고 있으면 시간이 금방 가.

여자 2 : 난 인스타를 안 하니까…그래?

여자 1 : 아! 팬케이크❷ 나왔어. 인스타에 올리기 딱 좋은데! 빨리 올려야지.

여자 2 : 카메라로 찍은 걸 지금 올릴 수 있어?

여자 1 : 응, 와이파이로 카메라에서 스마트폰으로 데이터를 전송할 수 있으니까, 편집도❸ 인스타에서 할 수 있고.

여자 2 : 말하기 좀 그런데,❹ SNS로 자랑하는 건 좀 그래.

여자 1 : 아냐, 자랑이라니. 그냥 내가 좋아하는 거 정보 수집하는 거야.

여자 2 : 예를 들면❺ 어떤 식으로?

여자 1 : 이것 봐, #빵케이크로 검색하면 사진이 많이 나와. 내가 올린 사진도 누군가가 보고 여기 와 보고 싶어할지도❻ 모르잖아!

여자 2 : 음, 그렇겠네… 괜찮겠다! 그럼, 스마트폰에 앱을 설치하면 사용할 수 있는 거야?

여자 1 : 응, 그럼, 계정 만들면 알려 줘, 팔로우할게.❼

여자 2 : 응, 알았어! 아! 이러다간 집에 가기도 전에 배터리가 닳아 버리겠어! 어디서 좀 충전해야겠는데.❽

女性1：インスタで#먹스타그램を見てると時間があっという間に過ぎるんだけど。

女性2：私はインスタやってないから…そうなの？

女性1：あ！　パンケーキ来たよ。めっちゃインスタ映えする！！　早速あげなきゃ。

女性2：カメラで撮って今投稿できるの？

女性1：うん、Wi-Fiでカメラからスマホにデータとばせるから、
加工もインスタでできるし。

女性2：言っちゃなんだけど、SNSでのリア充アピールはちょっとねぇ。

女性1：やだ、自慢なんてしてないよ。好きなものの情報収集に使ってるの。

女性2：例えばどうやって？

女性1：ほら、#빵케이크で検索するとたくさん写真が出てくる。
私があげた写真も、誰かが見てここに来たいって思うかも！

女性2：なるほどね…便利かも！　スマホにアプリをインストールすれば使える？

女性1：うん、アカウント作ったら教えてね、フォローするから。

女性2：OK！　あ！　これじゃ家まで電池が持たない！　どこかで充電しなきゃ。

語注

❶#먹스타그램：먹다（食べる）＋인스타그램（インスタグラム）。食べ物に関するインスタにつけるハッシュタグ（해시태그）。

❷팬케이크：パンケーキ

❸편집：写真などの「加工」のこと。漢字語で〈編集〉。

❹말하기 좀 그렇다：直訳は「言うのがちょっとアレだ」。

❺예를 들면：例えば

❻와 보고 싶어하다：来てみたがる、来たがる

❼팔로우하다：フォローする

❽충전하다：充電する

복습 ／ 제4장に出てきたフレーズの復習

以下の日本語の意味になるよう韓国語文を完成させます。答えはページの下にあります。

❶ スマホを充電する ➡P108
스마트폰을 (　　　)

❷ 自撮りする ➡P109
(　　　)를 찍다

❸ Twitterでつぶやく ➡P110
트위터에 글을 (　　　)

❹ 既読スルーする ➡P110
(　　　) 답을 안 하다

❺ スマホとパソコンを同期する ➡P111
스마트폰과 PC를 (　　　)

❻ 画像をスキャンしてパソコンに取り込む ➡P114
(　　　)를 스캔하여 PC에 (　　　)

❼ 友達申請したのに、承認がまだ来ない。 ➡P119
친구 신청했는데 아직 (　　　)이 안 왔어.

❽ 最近、スマホの動作が重いんだよね。 ➡P127
요즘 내 스마트폰 너무 (　　　).

❾ このメルマガ、登録は簡単なのに、解除はすごく面倒くさい。 ➡P130
이 공지메일 등록은 간단한데, 해제는 너무 (　　　).

❿ この曲は配信とアナログ盤で出てる。 ➡P131
이 곡은 (　　　)과 아날로그판으로 (　　　).

정답

❶ 충전하다
❷ 셀카
❸ 올리다
❹ 읽고도
❺ 동기화하다
❻ 이미지/저장하다
❼ 수락
❽ 느려
❾ 번거로워
❿ 음원/발매됐어

MP3
55

まだまだある、言いたいこと
ニュースへのつぶやき
ニュースの捉え方も人それぞれ

不倫なんて本人同士の問題。

불륜은 당사자 간의 문제야.

「浮気する」という意味で、바람을 피우다という表現もある。

景気が上向いてるって言われても実感できない。

경기는 좋아지고 있다는데 실감이 안 나.

실감이 나다で「実感が湧く」。反対の「実感が湧かない」は실감이 안 나다となる。

ぶっそうな事件だなぁ。

정말 끔찍한 사건이네.

끔찍하다は「むごい」「むごたらしい」「ひどい」という意味。

ネットイジメは本当に恐ろしい。

인터넷 왕따는 정말 무서워.

왕따は「イジメ」や「仲間外れ」。「イジメられる」は왕따 당하다。

ゆるキャラブームも落ち着いたね。

지역 마스코트 유행도 붐이 좀 지난 것 같네.

지역 마스코트の直訳は「地域のマスコット」。

♪MP3 56

まだまだある、言いたいこと

時代へのつぶやき

月日の流れを感じて思わず漏れるつぶやきたち

婚活して、結婚できたら妊活して、
子どもができたら保活して…。

결혼하려고 이런저런 노력해서, 결혼하면 또 임신하려고 이런저런 노력하고, 애가 생기면 이번엔 또 어린이집 찾으러 이리저리 뛰어다니고….

婚活、妊活、保活にあたる名詞が韓国語にはないため、説明的に表現することになる。

老後のことも考えなくちゃ。

노후도 생각해야지.

이제 노후 준비도 해야지.(もう老後の準備もしないと)という表現もよく使われる。

年金も当てにできない世の中だ。

연금도 믿을 수 없는 세상이야.

세상は「世の中」「社会」「世間」という意味。

これからは21世紀生まれが
時代を作っていくのね…。

이제는 21세기에 태어난 사람들이 시대를 만들어 가겠구나….

「時代」の部分は、새 시대(新しい時代)としてもOK。

情弱には生きにくい世の中だなあ～。

정보약자들은 참 살기 힘든 세상이야.

「情弱」は정보약자(情報弱者)。살기 힘들다は「生きづらい」「生きにくい」。

口コミって本当に参考になる!!

입소문은 정말 도움이 돼!!

입소문은 정말 참고가 돼!という表現でも。「ネット上の口コミ」は후기(後記)または리뷰(レビュー)。

제 5 장

집안일 ／ 家事

洗濯、掃除、料理に買い物…
家事では、扱うアイテムも作業の種類もたくさんありますが、
意外に韓国語で言えないことも多いのではないでしょうか。
ぜひ、家で実際に家事をしながら、音声を流して
フレーズをつぶやいてみてください。

♪MP3 21

단어편 / 単語編

この後のフレーズに出てくる単語を予習しよう！

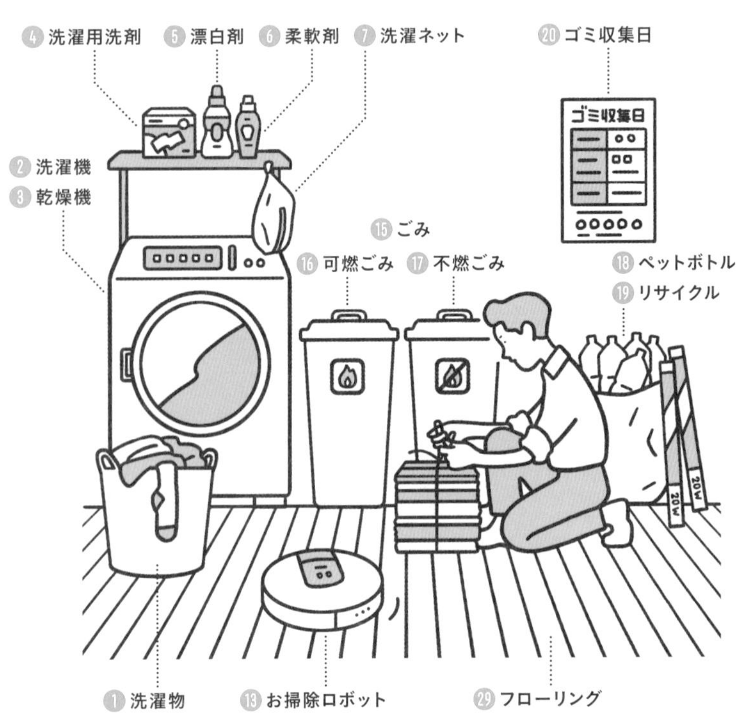

1 빨래
2 세탁기
3 건조기
4 세탁용 세제
5 표백제
6 섬유 유연제

7 세탁망
8 마트 전단지
9 최저가
10 무첨가 식품
11 자연 식품
12 냉장고

13 로봇 청소기
14 식기 세척기
15 쓰레기
16 타는 쓰레기
17 안 타는 쓰레기
18 페트병

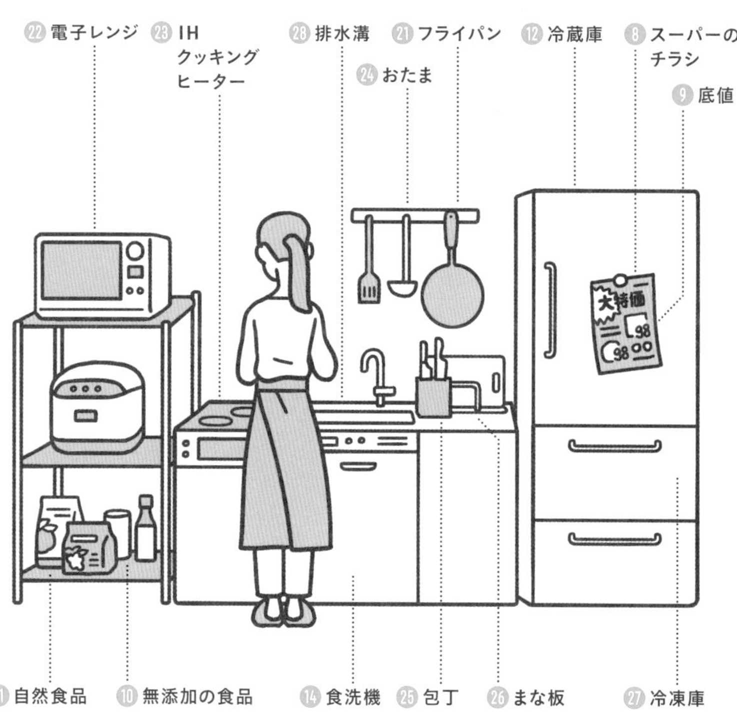

⑲ 재활용
⑳ 쓰레기 수거일
㉑ 프라이팬
㉒ 전자레인지
㉓ IH 쿠킹 히터
㉔ 국자
㉕ 식칼
㉖ 도마
㉗ 냉동고
㉘ 배수구
㉙ 나무 바닥

♪MP3 22

활동 ／ 体の動き

家事の動作を韓国語で言ってみよう！

1_ 洗濯物を洗濯機の中に入れる
빨래를 세탁기에 넣다

2_ 洗濯機を回す
세탁기를 돌리다

3_ シャツをつけおき洗いする
셔츠를 물에 담궈 뒀다 빨다

도우미

1_「洗濯物を洗濯機から出す」は빨래를 세탁기에서 꺼내다。

2_ 빨래를 돌리다という表現もよく使われる。

3_「つけおき洗いする」は물에 담가 뒀다 빨다でもOK。

4_ 「おしゃれ着用洗剤」は울샴푸(ウールシャンプー)と言う。

5_ 「染み抜き剤」は얼룩제거제。「染みがつく」は얼룩이 지다、「染みがなかなか取れない」は얼룩이 잘 안 지다。

6_ 「繊細な衣類」の部分を、例えば견이나 울 캐시미어 같은 건 세탁망에 넣어 빨아야 돼.(シルクやウール、カシミアのようなものはネットに入れて洗わないと)のように表現すると、より意図が伝わりやすい。

7_ 「洗濯物を取り込む」は빨래를 걷다。

8_ 直訳は「陰で干す」。

9_ 布団や服を「たたむ」場合は개다を使う。

4_ おしゃれ着用洗剤を使う
울샴푸로 빨다

5_ 染み抜きする
얼룩을 빼다

6_ 繊細な衣類をネットに入れて洗う
섬세한 옷가지를 세탁망에 넣어 빨다

7_ 洗濯物を干す
빨래를 널다

8_ 陰干しにする
그늘에서 말리다

9_ 洗濯物をたたむ
빨래를 개다

♪MP3 22

10_ アイロンをかける
다림질을 하다

11_ 冬物をクリーニングに出す
겨울 옷을 세탁소에 맡기다

12_ スーパーのチラシをチェックする
마트 전단지를 확인하다

13_ 商品の底値を覚える
상품 최저가를 기억하다

14_ 食料品を買いに行く
식료품을 사러 가다

15_ ネットスーパーで注文する
인터넷 슈퍼에서 주문하다

16_ 無添加の食品を選ぶ
무첨가 식품을 선택하다

도우미

10_ 直訳は「アイロンがけをする」。道具の「アイロン」は다리미、アイロン台は다리미판。

11_ 세탁소は「クリーニング店」のことで、〈洗濯所〉という漢字語。「ドライクリーニング」は드라이클리닝または드라이。

12_ 韓国語では一般的に、規模が大きいスーパーを마트、小さいスーパーを슈퍼と言う。

13_ 「底値」は최저가〈最低価〉。최저 가격〈最低価格〉と言ってもOK。

16_ オーガニック食品のことは유기농 식품〈有機農食品〉という。

17_ 野菜の鮮度を確かめる
야채 신선도를 확인하다

18_ 値引き品(特価商品)を狙う
할인 상품(특가 상품)을 노리다

19_ まとめ買いをして冷凍保存する
대량 구매해 냉동 보관하다

20_ スーパーのレジで順番を待つ
마트 계산대에서 차례를 기다리다

21_ エコバッグを持参する
에코백을 가지고 가다

17_ 「鮮度」は신선도〈新鮮度〉。

18_ 「10%引き」は십 프로 할인(10%割引)。「%」は퍼센트だが、会話では一般的に프로(オランダ語のprocentに由来)がよく使われる。

19_ 「まとめ買い」は、대량 구매〈大量購入〉。

20_ 「レジ」は계산대〈計算台〉。

21_ 「エコバック」は장바구니(買い物かご、買い物袋)を使っても表現できる。なお、インターネットのショッピングサイトでよく見られる장바구니에 담기は「買い物かごに入れる」の意味。

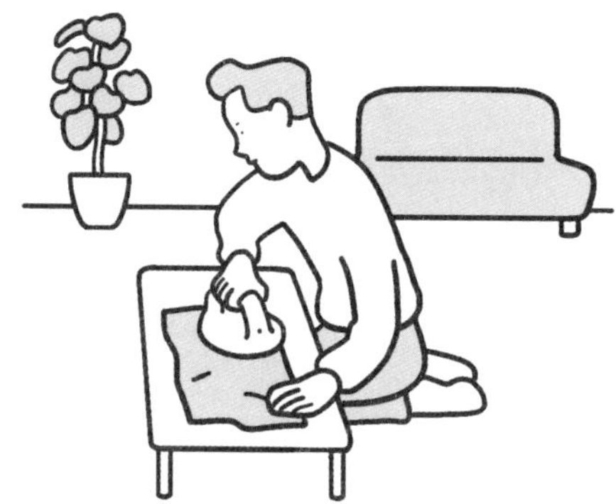

♪MP3 22

22_ 釣り銭を確認する
거스름돈을 확인하다

23_ 冷蔵庫の中身を整理する
냉장고 내용물을 정리하다

24_ 残り物で夕ごはんを作る
남은 음식으로 저녁을 만들다

25_ アプリ(サイト)で見つけた新しいレシピを試す
앱(사이트)에서 찾은 새로운 레시피에 도전하다

26_ まな板を熱湯消毒する
도마를 열탕 소독하다

도우미

22_「小銭」の意味の잔돈は「釣り銭」の意味でもよく使われる。例)잔돈 받았어?(お釣りもらった?)

24_「夕ごはん」は저녁 식사、저녁 밥という単語もあるが、実際には저녁을 먹다(夕ごはんを食べる)や저녁을 만들다(夕ごはんを作る)のように、식사や밥を付けない形でよく使われる。

25_「新しいレシピを試す」は、새로운 레시피로 만들어 보다と言っても良いが、「試す」というニュアンスを生かすのであれば새로운 레시피에 도전하다のほうがおすすめ。

27_ 部屋を片付ける
방을 치우다

28_ 断捨離する
물건 다이어트를 하다

29_ 家具のほこりを払う
가구에 쌓인 먼지를 털다

30_ 床(部屋)に掃除機をかける
바닥(방)에 청소기를 돌리다

31_ 床を水拭き(ぞうきん掛け)する
바닥을 물걸레질(걸레질)하다

32_ 床をモップ掛けする
바닥을 밀대 걸레로 닦다

33_ 風呂のカビを取る
욕실 곰팡이를 없애다

28_ 直訳は「物ダイエットをする」。「断捨離」に近い韓国語には、미니멀라이프(ミニマルライフ)や비워내기(空にすること)などがある。

29_ 直訳は「家具に積もったほこりを払う」。日本語の「家具のほこりを」をそのまま韓国語にして、가구의 먼지를としてもOK。

30_ いわゆる「コロコロクリーナー」は日本語由来の表現で、고로고로 돌돌이、돌돌이、または고로고로と言う。

31_ 「ほうきをかける」は빗자루로 쓸다。

33_ 곰팡이를 제거하다(カビを除去する)という表現もよく使われる。「カビが生える」は곰팡이가 생기다。

♪MP3 22

34_ 重曹とお酢でエコ掃除をする
베이킹소다와 식초로 친환경 청소를 하다

35_ レンジのこげつきを落とす
전자레인지에 눌어붙은 것들을 닦아내다

36_ カップの茶渋を漂白する
컵의 녹차 얼룩을 지우다

37_ 食器を洗う前に、汚れをよく落とす
설거지 전에 그릇의 음식물 찌꺼기를 제거하다

도우미

34_ 「重曹」は베이킹소다(ベイキングソーダ)。「エコ」は친환경〈親環境〉と言う。

35_ 「ガスコンロ」は가스 레인지。

36_ ここでは「茶渋」を녹차 얼룩(緑茶の染み)と表現した。지우다(落とす、消す)の部分は없애다(取り除く、なくす)でもOK。

37_ 「汚れをよく落とす」の「よく」のニュアンスを強調したければ、음식물 찌꺼기를 깨끗이/잘 제거하다としても良い。

38_ 「食洗機」は식기 세척기〈食器洗浄機〉。

40_ 分別回収は분리 수거〈分離収去〉。

41_ 「ペットボトル」は페트병（ペット瓶）。

44_ 적다は「書き記す」という意味。

38_ 食洗機にお皿を入れる
식기 세척기에 접시를 넣다

39_ ごみを出す
쓰레기를 내놓다

40_ ごみを分別する
쓰레기를 분리하다

41_ ペットボトルをリサイクルに出す
페트병을 재활용 쓰레기로 내놓다

42_ プラスチックごみを出していい日を確認する
플라스틱 쓰레기
버리는 날을 확인하다

43_ 庭掃除をする
정원 청소를 하다

44_ 家計簿をつける
가계부를 적다

♪MP3 23

혼잣말 / つぶやき表現

やることが多い！ 家事のつぶやき

1

洗濯物がたまってきたなぁ。

빨래가 쌓였네.

「洗濯する」は빨래하다。빨래は「洗濯」「洗濯物」。「洗濯機」は세탁기だが、세탁というと「クリーニング」のことを指す。例）세탁소에 맡기다（クリーニングに出す）

2

今日は洗濯日和だ。

오늘은 빨래하기 좋은 날씨다.

「液体洗剤」は물세제。「洗剤が溶けない」は세제가 녹지 않다。「ポケットにティッシュが入ってた！」であれば주머니에 휴지가 들어 있었어!。

3

洗濯物をたくさん干した日に限って、雨が降るんだから！

하필이면 빨래를 잔뜩 널어 둔 날 꼭 비가 온다니까!

「洗濯機から服を取り出す」は세탁기에서 옷을 꺼내다。なお、「取り出す」という意味の꺼내다は「（話を）切り出す」という意味でも使うことができる。例）말／얘기를 꺼내다（話を切り出す）

4

あー！ 色移りして白いシャツがピンクになっちゃった。

아! 색이 번져서 하얀 셔츠가 핑크색이 돼 버렸어.

「色移り」や「つけおき洗い」という名詞が韓国語にはないので、説明的な表現になる。例）비눗물에 하룻밤 담갔다 빨면 잘 져.（洗剤を溶かした水に一晩つけてから洗うとよく落ちるよ）

5

この洗剤、環境負荷が高いらしいよ。

이 세제 말야, 환경에 안 좋은가 봐.

말야は말이야を短く言った表現で、名詞のあとについて「～のことなんだけど」の意味を表す。例）이거 말야.（これなんだけど）

6

ゲッ！ コートに虫食いが！

앗! 코트에 벌레 먹어서 구멍이 났어!

코트에 좀이 슬어 구멍이 났어!あるいは코트에 구멍이 났어!と表現することも可能。日常会話では、코트, 벌레 먹었나 봐. 구멍이 생겼어.（コート、虫が食べたみたい。穴が空いた。）といった表現もよく使われる。

MP3 23

7

季節の変わり目はクリーニング代がばかにならない。

환절기는 세탁비가 만만치 않아.

「季節の変わり目」は、환절기〈換節期〉。「クリーニング代」は、세탁비〈洗濯費〉。만만치 않다は「手ごわい」という意味。만만하게 보다は「甘く見る」。

アイロンよりスチーマーの方が断然楽にシワが取れるわ。

일반 다리미보다 스팀다리미가 훨씬 더 주름이 잘 펴져.

일반 다리미は、ここでは「普通のアイロン」というニュアンス。「シワが取れる」は주름이 펴지다。「シワになる」「シワがつく」は주름이 생기다。

9

今日はポイント5倍デーだから買いだめしとこう!

오늘은 포인트가 5배니까 많이 사 두자!

많이 사 두자!は、필요한 거 이것저것 다 사 두자!と言ってもOK。

10

冷凍食品が４割引だ。

냉동 식품이 40% 할인이야.

「本当にいい買い物した！」は、정말 잘 샀어!。「セットで買う方が安い」は묶음으로 사는 게 더 싸다。

11

タイムサービスでお菓子詰め放題をやってるよ。

타임서비스로 '과자 무한 골라담기'를 하고 있어.

무한〈無限〉を무제한〈無制限〉としてもOK。「お菓子の詰め放題」は、무제한 과자 골라담기や과자 무제한 골라담기とも。

12

そろそろサンマがおいしい季節だな。

슬슬 꽁치가 맛있는 계절이네.

이제 슬슬 꽁치 철이네.（そろそろサンマの時期だな）としても伝わる。철は「旬」「季節」という意味。また、꽁치는 지금이 제철이다!（サンマは今が旬!）といった表現もある。なお、「旬の食べ物」は제철 음식。

♪MP3
23

13

今日は夕飯作るの面倒くさいな。

오늘은 저녁 만들기 귀찮다.

저녁 만들기は저녁 만드는 게と言ってもOK。「作りたくない」であれば、만들기 싫어あるいは만드는 게 싫어となる。

14

出前を取ろうかな。

배달 시켜 먹을까?

「出前」は배달で、漢字で書くと〈配達〉。「出前を取る」は배달 시키다。「何か出前を頼んで食べようか?」は뭐 시켜 먹을까?。「宅配のピザ」「デリバリーのピザ」は배달 피자(配達ピザ)。

15

今日のごはんは手抜きします!

오늘 밥은 간단히 준비할게요!

直訳は「今日のごはんは簡単に準備します!」。「手抜きします」の部分を대충 만들게요にすると「適当に作るね」という意味になり、とにかく作る方向での「手抜き」の意味になる。

16

今日は献立がまったく浮かばない…そうだ! アプリで検索しよう!

오늘은 메뉴가 전혀 안 떠오르네… 그래! 앱으로 검색해 보자!

오늘은 뭘 먹어야 될지 모르겠네. (今日は何を食べたらいいのか分からない)という表現もよく使われる。앱の代わりに어플もよく使う。「アプリで検索しよう!」は어플로 검색해 보자. または어플로 찾아 보자. でOK。

17

料理は段取りがすべてだ。

요리는 재료를 준비해 만들어 가는 순서가 제일 중요해.

「段取り」にあたる単語が韓国語にはないため、순서(順序)と表現した。순서の代わりに과정(過程)と言っても良い。

18

無洗米は楽だなあ。

씻어서 파는 쌀은 편하구나.

「無洗米」は韓国ではあまり一般的ではない。씻은쌀や씻어서 파는 쌀、씻어 나오는 쌀といった表現のほうが意味は伝わりやすい。説明的に씻을 필요 없이 바로 밥을 지을 수 있는 쌀(とぐ必要なく、すぐに炊くことのできるお米)としても。

♪MP3 23

19

ごはんの水加減、間違えちゃったみたい…。

밥의 물 조절 실패한 것 같아.

실패は「失敗」。例）실패한 인생（失敗した人生）、인생에 실패란 없다!（人生に失敗というものはない!）、또 다이어트에 실패했어.（またダイエットに失敗した）。一方、실수〈失手〉は「ミス」というニュアンス。

20

賞味期限切れてるけど大丈夫かな？

유통기한 지났는데 괜찮을까?

「賞味期限」と유통기한〈流通期間〉は厳密には違う意味だが、韓国語では一般的に「賞味期限」という意味合いで유통기한という言葉を使う。

21

あーあ、トマト腐らせちゃった。

아, 어떡해! 토마토 썩혀 버렸네.

아, 어떡해! は「ああ、どうしよう!」「ああ、もう!」。「腐らせる」は、썩히다。また、썩다（腐る）を使って、토마토가 또 썩었어.（トマトがまた腐った）といった表現もよく使われる。ちなみに「もったいない」は아깝다。例）아, 아까워.（ああ、もったいない）

22

うわっ、棚の奥から3年前の缶詰が出てきた。

세상에, 선반 안쪽에서 3년 전 통조림이 나왔어.

세상에は「何てこと！」「何てこった！」という意味の感嘆詞。세상에の代わりに우앗や맙소사でもOK。また、こういうシチュエーションの時に、이게 웬일이야！(これはどういうことなんだ！)もよく使われる。

23

後の掃除が大変だから揚げ物はしない。

뒷정리가 힘들어서 튀김 요리는 안 해.

뒷정리は「後片付け」「後始末」。튀김は「天ぷら」「揚げ物」のこと。「揚げる」は튀기다。例) 튀김을 튀기다(天ぷらを揚げる)

24

なんか焦げ臭いぞ！

뭔가 타는 냄새가 나!

뭔가 타는 냄새가 나는데!とも言える。뭔가は뭐でもOK。타다は「焼ける」「燃える」「焦げる」、냄새가 나다は「においがする」。이상한 냄새가 나다は「変なにおいがする」。냄새를 없애다/지우다は「においを消す」。

♪MP3 23

25

出来合いのものより手作りした方が高くついちゃった。

사 먹는 것보다 만들어 먹는 게 더 비싸게 치였어.

사 먹다の直訳は「買って食べる」だが、テイクアウトして「買って食べる」、あるいは「外食する」という意味。「出来合いのもの」は파는 거とも言う。一方、「自炊する」は만들어 먹다、または해 먹다。

26

おかずを作り置きしておくと、平日に助かるな。

반찬을 미리 만들어 두면 주중에 편해.

「冷凍食品」は냉동식품。주중에（平日に）を평일에（平日に）や평소에（普段に）としてもOK。편하다は「楽だ」「気楽だ」。편해지다の形で「楽になる」。例）마음이 편해졌어요.（気持ちが楽になりました）

27

最近常備菜頑張ってるの。

요즘 밑반찬을 열심히 만들고 있어.

「常備菜」のことは밑반찬と言う。例）밑반찬을 많이 만들어 놓다（常備菜をたくさん作っておく）

28

このフライパン、IH対応じゃないなんて!

이 프라이팬 말야, IH 프라이팬으로 사용할 수 없다니!

直訳は「このフライパンなんだけど、IHフライパンとして使えないなんて!」。사용할 수 없다니!は쓸 수 없다니!とも言える。프라이팬は후라이팬や후라이판と言う人も多い。なお、「IH圧力炊飯器」はIH압력밥솥。

29

あく取りお玉であく取って!

거품국자로 거품 걷어내!

「あく取りお玉」は거품용 국자、거품 뜨는 국자、거품 망국자とも言う。거품을 걷다で「あく/泡を取り除く」。

30

包丁、切れなくなってきたな。とがなくちゃ。

칼이 잘 안 드는데. 좀 갈아야겠다.

들다は「切れ味がいい」なので、「よく切れない」は잘 안 들다となる。「包丁をとぐ」は칼을 갈다。台所用の「包丁」は식칼、부엌칼とも言う。果物ナイフは과도〈果刀〉。

♪MP3 23

31

オムレツをちゃんと作ろうと思ったのに、なんでこんなにぐちゃぐちゃになったんだろう?

오믈렛을 제대로 만들려고 했는데 왜 이렇게 엉망이 됐지?

제대로は「ちゃんと」「まともに」「きちんと」。例) 요즘은 너무 바빠서 식사도 제대로 못 해. (最近は忙しすぎて、食事もろくにできない)、제대로 잘 해. (しっかりちゃんとしなさい)、뭐 하나 제대로 하는 게 없네. (何ひとつきちんとできることがないね)、제대로 된 걸 사야 돼. (きちんとしたものを買わなきゃ/買うべきよ)

32

明日のお弁当の分を取り分けておこう。

내일 도시락 몫으로 따로 좀 덜어 두자.

「お弁当を作る」は도시락을 싸다。몫は「分け前」「分」「役割」。例) 내 몫까지 (私の分まで)。덜다は「減らす」「取る」。

33

一晩寝かせたカレーは絶品だ!

하룻밤 숙성시킨 카레는 정말 일품이야!

숙성시키다は「熟成させる」。「絶品」は일품〈逸品〉。例) 순두부 찌개가 일품인 곳 (スンドゥブチゲが絶品のところ)

34

子どもたちに唐揚げ出したら瞬殺だった！

애들한테 닭튀김을 줬더니 순식간에 다 먹어 치웠어!

순식간は「あっという間」。後ろに에（～に）をつけて순식간에の形で使われることが多い。例）즐거운 시간은 순식간에 지나가다（楽しい時間は、あっという間に過ぎる）。また、순식간에 다 먹어 치웠어!は、눈 깜짝할 사이에 없어졌어!（あっという間になくなった！）とも言える。

35

余ったごはんは冷凍しておこう。

남은 밥은 냉동해 두자.

「食卓を片付ける」は식탁을 치우다。「洗い物」は설거지。例）설거지는 내가 할게.（洗い物は私がやるね）

36

食器は水切りしたら早めに片付けないと。

식기는 물이 빠지면 바로 닦아서 제자리에 넣어 둬야지.

「お皿を拭く」は접시를 닦다。「お皿を乾かす」は접시를 말리다。ちなみに、韓国では水切りの後、食器をふきんで拭いて食器棚などにしまうより、洗ったらそのまま自然乾燥するのが一般的。

♪MP3 23

37

洗剤で手が荒れちゃった！

세제 때문에 손이 거칠어졌어!

손이 거칠어지다は「手が荒れる」。「ハンドクリームを塗る」は핸드크림을 바르다。例）이 핸드크림은 얼굴에 발라도 된대요.（このハンドクリームは、顔に塗っても良いんだそうです）。ちなみに、세제가 독하다は「洗剤の刺激が強い」という意味。例）이 주방세제 너무 독해서 그런지, 손에 습진이 생겼어.（このキッチン用洗剤、刺激が強すぎるからなのか、手に湿疹ができたよ）

三角コーナーからヘンなにおいがするよ。

싱크대 구석에서 이상한 냄새가 나.

「生ごみ」は음식물 쓰레기（食べ物のごみ）。シンク用のごみかごは、シンクの下についているものは싱크대 거름망、別途置く形のものは음식물 찌꺼기통のように表現したりもする。

39

この洗剤じゃ排水溝のぬめりまでは取れないか。

이 세제로는 배수구의 미끈거림까지는 제거할 수 없나?

「シンクのにおいをなくす」は싱크대 냄새를 제거하다。「排水溝の内側も掃除する」は배수통 안쪽도 청소하다となる。

40

換気扇の掃除って、本当に面倒！

환풍기 청소는 정말 귀찮아!

「換気扇」は환풍기。例）청소는 나름 자주 한다고 해도 환풍기까지 닦는 건 쉽지 않아.（自分なりにしょっちゅう掃除はしているとはいっても、換気扇まで磨くのは簡単じゃない）。「換気扇を回す」は환풍기를 돌리다。

この時間に掃除機かけたらひんしゅくだよね。

이 시간에 청소기 돌리면 한소리 듣겠지?

ここでの한소리 듣겠지? は「文句言われちゃうよね?」というニュアンス。「ひんしゅくを買う」をそのまま韓国語に直訳した빈축을 사다という表現もあるが、この表現はやや公式的な場面で使われる。例）A방송국은 자막 실수와 편집 사고로 시청자들의 빈축을 샀다.（A放送局は字幕ミスと編集事故で視聴者のひんしゅくを買った）、그 정치가는 잇따른 실언으로 빈축을 샀다.（あの政治家は相次ぐ失言でひんしゅくを買った）

42

いくら掃除しても、犬の毛ってすぐに散らかるんだよね。

치워도 치워도 개 털은 계속 날려.

直訳は「片づけても片づけても、犬の毛が舞う」。아무리 청소해도 개 털은 금방 어질러져. としてもOK。어질러지다（散らかる）は어지르다（取り散らかす）に-아/어지다（～くなる）が付いた形。

♪MP3 23

43

におい がこもってるな。窓を開けて、部屋の空気を入れ替えよう。

방에 냄새가 가득하네. 창문을 열어서 방 환기를 시키자.

「においがこもる」は냄새가 가득하다または냄새가 가득차다。同じ「こもる」でも、「心がこもる」は마음이 담기다、「部屋にこもる」は방에 틀어박히다となり、動詞が異なる。「空気を入れ替える」は환기를 시키다(換気させる)。

44

1週間でこんなにほこりが積もるなんて。

일주일 새에 이렇게 먼지가 쌓이다니.

일주일 새에の새は、사이(間)の縮約形。「1週間で」は、일주일만에とも表現可能。「ほこりが積もる」は먼지가 쌓이다、「ほこりを払う」は먼지를 털다。

45

フローリングってほこりが目立つな。

나무 바닥은 먼지가 눈에 잘 띄네.

「目立つ」は눈에 띄다。「目につく」「目に留まる」という意味もある。例) 뭐 좀 사고 싶었는데 눈에 띄는 게 없었어요.(何かちょっと買いたかったのだけど、目ぼしいものがありませんでした)

46

油汚れって本当に落ちにくいよね。

기름때는 정말 잘 안 져.

때は「汚れ」や「垢」のこと。「汚れがつく」、「垢がつく」は때(가) 묻다となる。汚れなどが「落ちる」は지다。汚れの色味などが「落ちる」という場合には빠지다を使う。

47

タイルの目地に黒ずみが。

타일 틈새에 때가 끼였어.

直訳は「タイルの隙間に汚れが挟まった」。「カビ」は곰팡이。例) 장마철 습기 때문에 벽지에 곰팡이가 생겼어! (梅雨の時期の湿気のせいで、壁紙にカビが生えた!)。「カビ取り剤」は곰팡이제거제、「多目的洗剤」は다목적세제。

48

トイレの黄ばみにはどの洗剤がいいのかな。

화장실 누런 때엔 어떤 세제가 좋을까?

누런때は直訳すると「黄土色の汚れ」。화장실에 끼인 누런 때という表現も、よく使われる。

♪MP3 23

49

収納スペースが足りないな。

수납공간이 부족하네.

直訳は「収納空間が不足しているな」。「模様替えをする」は배치를 바꾸다（配置を変える）と言い、日本語の「模様替え」のように1つの単語で言い表さない。日本語との違いに注目しよう。

50

電球がチカチカしてる。そろそろ替えどきだ。

전구가 깜박거리네. 이제 바꿀 때가 됐군.

「そろそろ替えどきだ」の部分は、日常会話では이제 갈 때가 됐군という表現もよく使う。갈다は古いものを新しいものに取り換えるときの「替える」。

51

うちの家計簿って、本当にどんぶり勘定だ。

우리집 가계부는 정말 주먹구구식이야.

「我が家の」という意味で使われる「うちの〜」は우리집を使うが、「うちの姉が」のような場合には우리 언니가と言う。なお、주먹구구は「指折り数える」ことで、「大雑把な計算」や「どんぶり勘定」を表す。

52

今月は相当切り詰めないと厳しいなぁ。

이번 달은 엄청 절약하며 살아야겠는데.

「今月は相当節約しながら暮らさないとだなぁ」が直訳。「厳しい」にあたるものには엄하다や심하다という単語もあるが、このフレーズの場合は、単語単位ではなく、全体で言い表したいことに言い換えている。

53

家事ってどこまでやってもきりがないな。

집안일은 해도 해도 끝이 없네.

「家事」は집안일。「どこまでやっても」にあたる해도 해도（やってもやっても）は、아무리 해도（いくらやっても）と言っても良い。例）걔한텐 아무리 말을 해도 소용이 없어.（その子にはいくら話しても無駄だよ）

54

家事は夫婦で完全分担してるよ。

집안일은 부부가 똑같이 분담하고 있어.

直訳は「家事は夫婦が等しく分担してるよ」。집안일을 공평하게 분담하다（家事を公平に分担する）という表現もよく使う。

♪MP3 24

대화 / やりとり

学んだ表現で(　)を埋めて、1ターンの会話を完成させよう

1/ あー！ 色移りして白いシャツがピンクになっちゃった。

아! 색이 (　　　　) 하얀 셔츠가
핑크색이 (　　　　) 버렸어.

取り扱い表示に「色物は別に洗濯してください」と書いてあるよ。

세탁 표시에 색깔 있는 옷은 따로 세탁하라고
적혀 있어.

2/ 今日は夕飯作るのめんどくさいな。

오늘은 저녁 만들기 귀찮아.

出前を取らない？

배달 (　　　　) 먹을래?

정답

1 (번져서) (돼)　洗濯物の「取り扱い表示」は、세탁 취급 표시のように취급（取り扱い）を入れてもOK。

2 (시켜)　「出前を取らない？」は배달 음식 시켜 먹을까?とも。

3 /

今日は献立がまったく浮かばない。
오늘은 메뉴가 전혀 안 떠오르네.

分かった。ネットで検索してみるね。
알겠어. 내가 인터넷으로 좀 (　　　　)(　　　　).

4 /

においがこもってるな。
방에 냄새가 가득하네.

窓を開けて、部屋の空気を入れ替えるよ。
창문을 (　　　　) 방 (　　　　)를 시키자.

5 /

電球がチカチカしてる。そろそろ替えどきだ。
전구가 (　　　　). 이제 바꿀 때가 됐군.

長持ちするLED電球に変えようよ。
오래가는 LED 전구로 바꾸자.

3 (검색해) (볼게) 「献立」は메뉴（メニュー）でOK。似た表現で、오늘은 뭘 먹어야 될지 모르겠네.（今日は何を食べればいいか分からない）もよく使われる。

4 (열어서) (환기) 韓国語では、何について話しているのかが明確化するために、방에（部屋に）を入れている。

5 (깜박거리네) 「LED電球」はLED램프、あるいはLEDのみでもOK。

♪MP3 25

상황극 / 最近結婚した娘からの電話

母は偉大だった

딸 : 여보세요? 엄마? 엄마 제 말 좀 들어 봐요.

엄마 : 뭔데? 갑자기 왜 그래?

딸 : 이제 나 집안일 정말 지긋지긋해❶. 집안일이란 게 해도 해도 끝이 없네. 일주일 새에 이렇게 먼지가 쌓이다니! 게다가 뭐가 제대로 잘 안 되면 할 맘❷도 안 생기고.

엄마 : 제대로 안 된다니❸ 무슨 일이야?

딸 : 하필이면❹ 빨래를 잔뜩 널어 둔 날 꼭 비가 오고.
냉장고 식재료를 가끔 썩혀 버리질 않나.

엄마 : 너희 부부는 맞벌이니까, 대충대충❺ 해. 건조 기능이 있는 세탁기나 로봇 청소기 같은 거 사면 어때? 요리는 쉬는 날❻ 한번에 좀 많이 만들어 두고 말이야.

딸 : 네… 엄마는 집안일을 혼자 다 하고 정말 대단해요.

엄마 : 음. 엄마도 뒷정리❼가 힘들어서 튀김 요리는 안 하고, 가끔 대충대충 하기도 해. 씻어서 파는 쌀은 정말 편하니까 너도 꼭 한번 써 봐~.

딸 : 나 혼자 집안일을 다 해야 한다니 이상하지❽ 않아? 집안일은 부부가 분담해야 하는 거 아냐?

엄마 : 아, 그랬구나. 집안일을 어떻게 분담해서 할지는 둘이 같이 한번 얘기해 보면 어때? 너는 세제가 독하면❾ 손이 금방 거칠어지니까❿
설거지나 욕실 곰팡이 청소 중에 하나를 맡기면 좋을 것 같은데.

딸 : 아, 그러면 되겠네! 고마워요, 엄마!

娘：もしもしお母さん？　ちょっと話聞いてよ。

母：なぁに？　急にどうしたの？

娘：もう私家事やんなってきた。家事ってどこまでやってもきりがないな。
1週間でこんなにほこりが積もるなんて！　それに失敗すると心が折れるし。

母：失敗って？

娘：洗濯物をたくさん干した日に限って雨が降ってくるし。
冷蔵庫の食材をたまに腐らせちゃうし。

母：あんたたちは共働きなんだから、手抜きしなさいよ。乾燥機付きの洗濯機とかお掃除ロボット買ったら？　料理は休日に作り置きしちゃうとか。

娘：うん…お母さんは家事全部やってたなんてすごいね。

母：うーん。お母さんだって後の掃除が大変だから揚げ物はしないし、
時々手を抜いてるわよ。無洗米は楽だから、すごくおすすめよ〜。

娘：私が全部家事するのおかしくない？　家事は夫婦で分担すべきじゃない？

母：ああ、なるほど。一度家事の役割分担について、2人で話し合ってみたら？
あなたは強い洗剤で手が荒れがちだから、
皿洗いとお風呂のカビ取りどっちか任せればいいと思う。

娘：確かに！　ありがとうお母さん！

語注

❶지긋지긋하다：うんざりだ、こりごりだ
❷할 맘：할 마음の縮約形で、「やる気」の意味。
❸제대로 안 되다：うまくいかない
❹하필이면：よりによって
❺대충대충：大雑把に、ざっと
❻쉬는 날：休日、休みの日
❼뒷정리：後片付け、後始末
❽이상하다：変だ、おかしい、不思議だ
❾독하다：（においなどの度合いが）強い
❿거칠어지다：荒れる

복습 / 第5장に出てきたフレーズの復習

以下の日本語の意味になるよう韓国語文を完成させます。答えはページの下にあります。

❶ シャツをつけおき洗いする ➡P144
셔츠를 물에 (　　　　) 뒀다 (　　　　)

❷ ネットスーパーで注文する ➡P146
(　　　　)(　　　　)에서 주문하다

❸ 冷蔵庫の中身を整理する ➡P148
냉장고 (　　　　)을 정리하다

❹ 家計簿をつける ➡P151
가계부를 (　　　　)

❺ ゲッ！コートに虫食いが！ ➡P153
앗! 코트에 (　　　　) 먹어서 (　　　　)이 났어!

❻ 今日はポイント5倍デーだから買いだめしとこう！ ➡P154
오늘은 포인트 5배니까 많이 (　　　　)(　　　　)!

❼ 賞味期限切れてるけど大丈夫かな？ ➡P158
(　　　　) 지났는데 괜찮을까?

❽ 出来合いのものより手作りした方が高くついちゃった。 ➡P160
(　　　　) 먹는 것보다 (　　　　) 먹는 게 더 비싸게 치였어.

❾ 明日のお弁当の分を取り分けておこう。 ➡P162
내일 도시락 (　　　　) 따로 좀 덜어 두자.

❿ 油汚れって落ちにくいよね。 ➡P167
(　　　　)는 정말 잘 안 져.

정답

❶ 담궈/빨나
❷ 인터넷/슈퍼
❸ 내용물
❹ 적다
❺ 벌레/구멍
❻ 사/두자
❼ 유통기한
❽ 사/만들어
❾ 몫으로
❿ 기름때

제 6 장

집에서 지내다 ／ 家で過ごす

休日に家でくつろぐひとときｰ
人によってさまざまな過ごし方があるでしょう。
ここでは、テレビを見たり、ごろごろしたり
“まったり”と時を過ごす場合の
動作やつぶやきを取り上げています。

♪MP3 26

단어편 ／ 単語編

この後のフレーズに出てくる単語を予習しよう！

① 채널
② 예능 프로그램
③ 아로마 향초
④ 허브티
⑤ 잡지
⑥ 귀여운 우리 고양이
⑦ 배달 피자
⑧ 통신판매
⑨ (방의) 인테리어
⑩ 휴지/티슈
⑪ 탤런트
⑫ 리모컨
⑬ 예약 녹화
⑭ 재방송
⑮ 생방송
⑯ 맥주
⑰ 무알콜 음료
⑱ 배달 통지서

⑲ 택배
⑳ 선풍기
㉑ 에어컨
㉒ 제습기
㉓ 가습기
㉔ 공기 청정기
㉕ 콘센트
㉖ 접속 플러그

♪MP3 27

활동 / 体の動き

家で楽に過ごすときの動作を韓国語で言ってみよう!

1_ なんとなく寂しいのでテレビをつけておく

왠지 그냥 좀 쓸쓸해서 텔레비전을 켜 두다

2_ チャンネルを変える

채널을 바꾸다

3_ バラエティー番組を見ながら、一人でツッコミを入れる

예능 프로그램을 보면서 혼자 따지고 들다

도우미

1_ 쓸쓸해서(寂しいので)の部分を허전해서としてもOK。쓸쓸하다は「寂しい」「肌寒い」という意味。一方、허전하다は「物寂しい」というニュアンス。

2_ 채널을 돌리다 (チャンネルを回す) も同じような意味になる。テレビに関する表現には、예고 (予告)、대반전 (どんでん返し)、채널 고정! (チャンネルはそのまま!) などがある。

3_ 프로그램は短縮形である프로の形で使う場合も多い。例) 버라이어티 프로 (バラエティー番組)。また、버라이어티 프로그램は예능〈芸能〉と言うことが多い。「一人ブツブツ言う」は혼자 궁시렁대다。

4_ パソコンで(ネットで)見逃し配信を見る

컴퓨터로(인터넷으로) 놓친 본방을 다시보기로 보다

5_ たまった録画番組を見る

밀린 녹화 방송을 보다

6_ 動画を見て時間が過ぎる

동영상을 보면서 시간을 보내다

7_ 撮った写真を整理する

찍은 사진을 정리하다

8_ お香をたいてリラックスする

향을 피워 놓고 편히 쉬다

9_ ハーブティーを飲みながら
お気に入りの雑誌をパラパラめくる

허브차를 마시면서 마음에 드는 잡지를 뒤적이다

4_ 「再放送で見る」は재방으로 보다または재방송으로 보다。

5_ 쌓여 있는 녹화 방송을 보다と言ってもOK。쌓이다は「積もる」。

6_ 「動画」は동영상〈動映像〉。直訳は「動画を見ながら時間を過ごす」。

8_ 「リラックスする」は편히 쉬다(ゆっくり休む)でOK。

9_ 마음에 들다は「気に入る」。뒤적이다は「手探りで探す」「いじくる」。

♪MP3 27

10_ 愛猫をなでる

귀여운 우리 고양이를 쓰다듬다

11_ 何をすることもなく過ごす

별 할 일 없이 지내다

12_ 部屋に引きこもる

방에 틀어박히다

13_ 1日中パジャマでごろごろする

하루 종일 잠옷 바람으로 그냥 뒹굴뒹굴하다

14_ 寝だめをする

밀린 잠을 자다

15_ [缶]ビールを開ける

[캔] 맥주를 따다

16_ 宅配のピザを取る

피자를 배달시키다

도우미

10_ 「愛猫」は우리집 귀염둥이 고양이 (うちのかわいい猫) や 내 사랑 우리 고양이 (私の愛しい猫) などの表現も可能。「ペット」は애완동물〈愛玩動物〉、반려동물〈伴侶動物〉。

12_ 방콕하다も「引きこもる」という意味で使われる表現。「引きこもり」のことは은둔형 외톨이 (隠遁形の独りぼっち) と言う。

13_ 「ごろごろする」には빈둥대다もあるが、こちらは怠けているイメージのある表現。

14_ 直訳は「たまった眠りを寝る」。잠을 몰아서 자다 (眠りを集めて寝る) としても良い。

16_ 直訳は「ピザを宅配させる」。배달 피자를 주문하다 (宅配ピザを注文する) としても。배달を漢字で書くと〈配達〉。

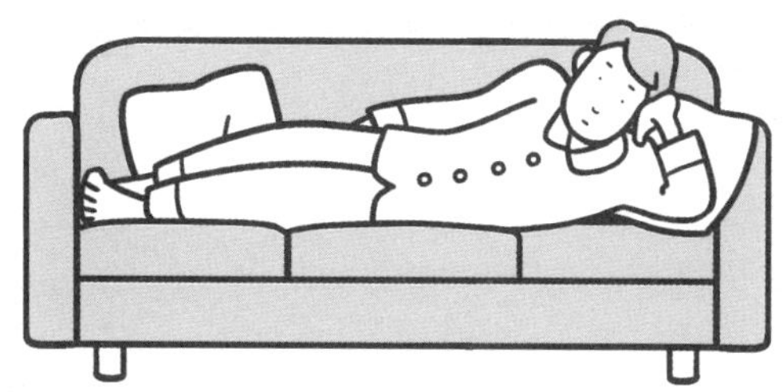

17_ ネットショッピングをする
인터넷 쇼핑을 하다

18_ ネットショップでお急ぎ便を選ぶ
인터넷 쇼핑몰에서 빠른 배송을 선택하다

19_ 近くのコンビニまでスッピンで行く
근처 편의점까지 생얼로 가다

20_ 部屋（家）の模様替えをする
방(집)을 다시 꾸미다

21_ [部屋の]インテリアにこだわる
[방] 인테리어에 신경을 많이 쓰다

19_ 근처 편의점까지 화장도 안 하고 가다（近くのコンビニまで化粧もしないで行く）としてもOK。

20_ 방 분위기를 바꾸다（部屋の雰囲気を変える）という表現もよく使われる。

21_ 신경을 쓰다の直訳は「神経を使う」で、「気にする」、「気を使う」という意味になる。

♪MP3
27

22_ 家（マンション）の玄関に花を飾る

집（아파트） 현관에 꽃을 장식하다

23_ 植物に水やりをする

식물에 물을 주다

24_ ティッシュが切れる（なくなる）

휴지가 떨어지다（없어지다）

25_ 爪を切る

손톱을 깎다

26_ 耳かきする

귀지를 파다

도우미

22_ 아파트は日本でいう「マンション」のこと。

23_ 「水やり」ではなく、「水をやる」のように説明的に表現すると、韓国語らしくなる。화초를 키우다は「草花（植物）を育てる」。

24_ 휴지には「トイレットペーパー」の意味もある。また、「ティッシュ」は外来語由来の티슈でもOK。ちなみに「ウェットティッシュ」のことは물티슈（水ティッシュ）という。

25_ 깎다は「（物を）削る」「切る」「（果物の皮を）むく」という意味。

26_ 귀지は「耳垢」、파다は「掘る」。同じ意味で、日常会話では귀를 파다（耳を掘る）もよく使われる。

27_ 1人暮らしを始める
혼자 살기 시작하다

28_ 親に電話する
부모님께 전화하다

29_ 上の住人の足音が気になる
위층 사람의 발소리가 신경 쓰이다

30_ 資格試験の勉強をする
자격 시험 공부를 하다

31_ 子どもの遊び相手をする
아이하고 놀아 주다

32_ 同僚を家に招く
동료를 집에 초대하다

33_ 友達と家飲みをする
친구하고 집에서 술을 마시다

27_ 1人暮らしをしていることを자취とも言う。자취は漢字で書くと〈自炊〉。자취하다（1人暮らしをする）、자취생（1人暮らしの学生）などのようにも使われる。

29_ 「（上下階との）騒音トラブル」は층간소음。

30_ 「資格を取る」は자격증을 따다。

31_ 直訳は「子どもと遊んであげる」。

32_ 초대하다は「招待する」。

33_ 韓国語には「家飲み」に該当する単語はなく、「友達と家でお酒を飲む」のように表現する。

♪MP3
28

혼잣말 / つぶやき表現

家の中でリラックスして過ごすときのつぶやき

1

この時間はあんまりいい番組やってないなぁ。

이 시간에는 별로 괜찮은 프로가 없네.

「あんまりいい番組やってないなぁ」の部分は、그다지 좋은 프로그램을 안 하네.としてもOK。「つまらない番組」は재미없는 프로。テレビ番組に関する単語には、뉴스（ニュース）、드라마（ドラマ）、다큐멘터리（ドキュメンタリー）、예능（バラエティー番組）などがある。

2

そういえば、最近あのタレント見ないね。

그러고 보니 요즘 그 탤런트 안 보이네.

그러고 보니は、「（考えてみたら）そうだ」あるいは「（言われてみると）そうだ」というニュアンスの「そういえば」。例）그러고 보니 뭔가가 이상했다.（そういえば、何かおかしかった）。나오다（出る）には「出演する」という意味もあるので、요즘 안 나오네（最近出てないね）という表現をしても良い。

3

ちゃんと録画できてるかな。

녹화 잘 됐을까?

直訳は「録画、うまくいったかな」。잘 되다は「うまくいく」だが、この部分は제대로 되다（ちゃんとできる）としても良い。なお、韓国では、インターネットなどを利用しての再視聴サービスが普及しているため、録画予約することは日本ほど一般的ではない。再視聴サービスは다시보기。

4

おっ、このドラマもう再放送してるんだ。

우와, 이 드라마 벌써 재방송하네.

ドラマやテレビ番組の「本番を必ず見ること」「本放送をリアルタイムで見ること」を본방사수〈本番死守〉と言う。「コマーシャル」はCM(시엠)あるいはCF(시에프)、광고(広告)と言う。

5

大人の事情でカットされたのかな。

뭔가 사정이 있어 편집됐나?

ここでは、「大人の事情で」は뭔가 사정이 있어(何か事情があって)とした。また、「カットされたのかな」は편집됐나?だが、直訳は「編集されたのかな?」。「何かあったのかな」であれば、무슨 일이 있었나のようになる。무슨 일は「何ごと」「何か」。例)무슨 일이 있었어요?(何かあったのですか?)

6

生放送だから編集できないよね。

생방송이라 편집도 못 해.

생방송は「生放送」「ライブ配信」。例)이거 생방송이야?(これ、生放送なの?)。なお、「SNSでのライブ配信」は라이브 방송(=라방)という言い方が定着しつつある。못 해の部分を안 돼としてもOK。

♪MP3 28

7

最近、面白いドラマが多い。

요즘은 재미있는 드라마가 많아.

ドラマについて話題にするときに使えるフレーズには、次のようなものがある。지난번(에) ○○ 봤어? (前回の○○見た?)、야! 말하지 마! 난 아직 못 봤어. (ちょっと! 言わないで! 私まだ見てない)、다음 내용이 어떨지 너무너무 궁금하더라고. (次の内容がどうなのか、すっごく気になるのよ)。なお、「ネタばらししないで!」は스포하지 마!。스포は스포일러(spoiler＝ネタバレ)の略語。

8

最近の海外ドラマ、出来がいいよね。

요즘 해외 드라마, 잘 만드네.

잘 만들다は、そのまま直訳すると「よく作る」だが、この形で「うまく作る」「出来がいい」という意味になる。映画やドラマのジャンルには次のようなものがある。사극 (時代劇)、멜로 (メロドラマ)、코미디 (コメディ)。로코 (ラブコメ) は、로맨틱 코미디 (ロマンチックコメディ) のこと。

9

食欲ないから今日は家で適当に食べようよ。

입맛이 없으니까 오늘은 집에서 대충 먹자.

「食欲」という漢字に由来する식욕という単語もあるが、日常会話では입맛を使うことが多い。例) 식욕이 생기다 (食欲が湧く)。「食欲がない」は、입맛이 없다のほかに、밥 생각이 없다 (食べる気がしない)、밥맛이 없다 (食欲が失せる) という表現もある。

10

またデパ地下の総菜を買ってしまった。

또 백화점 지하 반찬 가게에서 반찬을 샀어.

백화점 지하 반찬 가게の直訳は「デパートの地下の総菜店」。韓国語には「デパ地下」のような単語はなく、백화점 지하의 식품 매장 (デパートの地下の食品売り場) のように説明的に表現する。

11

この1杯のために生きてるんだよなぁ。

이 한 잔을 위해 사는 거지.

同じシチュエーションで、그래, 이 맛에 사는 거지. といった表現もよく使われる。「生きる」という意味の살다には「住む」「暮らす」「生活する」という意味もある。「冷たいビール」は시원한 맥주。例) 더운 날에는 시원한 맥주가 최고야. (暑い日には冷たいビールが最高だ)

12

ノンアル飲料もおいしいのけっこう出てきたな。

무알콜 음료도 맛있는 게 꽤 있네.

「ノンアル飲料」は무알콜 음료 (無アルコール飲料) のほかに논알콜 음료 (ノンアルコール飲料) とも言える。꽤は「ずいぶん」「かなり」という意味で「結構〇〇だ」というニュアンスで使われる。例) 꽤 오래된 거 같은데. (ずいぶん古いみたいだけど)

♪MP3 28

13

そういえばもらい物のワインがあったな。

그러고 보니 선물 받은 와인이 있었지.

フレーズの最初に아, 참!(あ、そうだ!)をつけてもOK。韓国語には日本語の「もらい物」に相当する単語がないため、「もらい物のワイン」を선물 받은 와인(プレゼントされたワイン)と表現している。ちなみに「赤ワイン」は레드와인、「白ワイン」は화이트와인。

14

あ〜、不在票入ってる。再配達頼まなきゃ。

아, 부재중 연락표가 들어 있네.
다시 배달해 달라고 해야겠어.

「再配達頼まなきゃ」は、ここでは다시 배달해 달라고 해야겠어としたが、「もう一度配達してくれと言わなきゃ」が直訳。韓国では配達時に不在の場合にはメッセージが送られてきたり、携帯電話に直接連絡が来たり、「置き配」することも多いため、日本ほどは不在票が一般的ではない。

15

宅配便!? どうしよう、この格好じゃ出られない!

택배!? 어떡해, 이 꼴로는 못 나가!

택배!?の代わりに、뭐야? 택배야!?(何? 宅急便!?)という表現もこのような場面ではよく使われる。「この格好じゃ出られない!」は、이 몰골로는 못 나가!あるいは이렇게는 못 나가!といった表現もよく使われる。꼴は「ざま」「恰好」「なりふり」。

16

寝起きだから、居留守使っちゃおう。

금방 일어나서 정신도 없고, 그냥 집에 없는 척하자.

ここでは「寝起きだから」を금방 일어나서 정신도 없고（起きたばかりで落ち着かないし）としている。この部分は、일어난 지 얼마 안 돼서 아직 옷도 제대로 못 입었는데（起きてからあまりたっていなくて、まだちゃんと服も着ていないのに）としても。「寝起きで来たんですよ」であれば、지금 막 자다 나왔어요.のようになる。

17

今日は田舎から荷物が届く日だ！

오늘은 시골에서 짐이 오는 날이야!

시골は「田舎」の意味で、「実家」や「ふるさと」も指す。시골집（田舎の家）のように집（家）を付けても良い。また、「故郷」「ふるさと」「出身地」という意味の고향を使って、고향집としても同様の意味を表すことができる。

18

田舎の親が旬の野菜を山のように送ってきちゃった。

시골 부모님이 제철 채소를 엄청 많이 보내 주셨어.

「山のように」は산더미처럼のようにも訳せるが、ややオーバーな印象になる。韓国語では산더미처럼は、일이 산더미처럼 쌓였다.（仕事が山積みだ）、빨래가/빨랫감이 산더미처럼 쌓였다.（洗濯物が山のようにたまっている）のように使われる場合が多い。

♪MP3 28

19

こんなに食べ切れないよ。近所(友達)におすそ分けしよう。

이렇게 많은 걸 어떻게 다 먹어? 이웃사람들(친구들)한테 좀 나눠 주자.

「こんなに食べきれないよ」は、이렇게 많은 걸 어떻게 다 먹어?(こんなにたくさんのものをどうやって全部食べるの)と反語的に表現している。이웃は「隣近所」で、「隣人」という意味でも使われる。韓国語には「おすそ分け」にあたる単語がないため、좀 나눠 주자(ちょっと分けてあげよう)と表現した。

20

雨が降ってきた。やばい! 寝室の窓開けっ放しだ。

비가 오기 시작하네. 큰일이네! 침실 창문 열어 뒀는데.

「やばい!」の訳としては、어쩌지!も使うことができる。큰일は「大事」「大変なこと」。「窓を開ける」は창문을 열다、反対の「窓を閉める」は창문을 닫다。「窓を閉めておけばよかった」なら、창문 닫아 놓을 걸 그랬어.となる。

21

扇風機だけだと全然涼しくない。

선풍기만 틀어서는 전혀 시원하지 않아.

「扇風機をつける」は선풍기를 틀다。틀다は、装置や機械を「つける」「動かす」「回す」という意味で使われる。その一方で、「電気をつける」や「パソコンをつける」には켜다を使う。何をつけるのかによって使う動詞が違う点に注意。

22

この季節は除湿器が欠かせない。

이 계절에 제습기는 필수야.

「この季節」は요즘 계절とも表現できる。また、「欠かせない」は필수야（必須だ）としたが、꼭 있어야 돼（必ずないといけない）や없으면 안 돼（ないとだめだ）と言ってもＯＫ。なお、「加湿器」は가습기、「空気清浄機」は공기 청정기。「湿気が多い」は습기가 많다、「乾燥する」は건조하다。

23

冬になると結露がひどい。

겨울이 되면 결로 현상이 심해.

「結露がひどい」ことを물방울이 너무 많이 생기다と表現してもＯＫ。물방울이 맺히다（しずくができる）とも。심하다は「ひどい」、「激しい」、「厳しい」。例）경쟁이 심하다（競争が激しい）、말이 좀 심한 거 아냐？（ちょっと言い方がひどいんじゃない？）

24

あっ、クモがいる！ 追い払わなきゃ。

앗, 거미가 있네! 쫓아내야지.

「クモ」は거미、「ハエ」は파리、「虫」は벌레。쫓아내다は「追い出す」「追い払う」。例）방에서 쫓아내다（部屋から追い出す）。「追い出される」は쫓겨나다。例）자신이 만든 회사에서 쫓겨났다.（自分の作った会社から追い出された）

♪MP3 28

25

電力会社を変えたら、かえって電気代が高くなった。

전력회사를 바꿨더니 전기세가 오히려 더 나왔어.

「電気代」は전기세〈電気税〉。光熱費の「ガス代」は가스세、「水道代」は수도세。「かえって電気代が高くなった」は전기세가 오히려 더 많이 나왔어.という表現も可能。「料金が高くなる」は요금이 많이 나오다。

26

何でも通販に頼ってたら家の中が段ボールだらけ。

뭐든지 통신판매에 의존했더니 집 안이 온통 박스 투성이야.

온통は「一面」「全部」、-투성이は「～だらけ」。이것저것 다 온라인으로 주문했더니 집안이 온통 박스로 꽉 찼어.としてもOK。直訳は「あれこれ全部オンラインで注文したら、家の中が段ボールでぎっしり埋まった」。

27

ぽちっとな。

인터넷 결제!

「インターネット決済!」が直訳。韓国語には「ぽちる」にあたる表現はないため、このように表現する。インターネットショッピングの際の「購入する」ボタンは구매하기。例）구매하기 버튼을 누르다（購入するボタンを押す）。「キャンセルする」ボタンは취소하기と言う。衝動買いをするときの表現に지름신이 내리다（衝動買いの神が降りる）、지름신 강림（衝動買いの神降臨）などがある。

28

インテリアを自分の好きにできるって最高！

인테리어를 내가 하고 싶은 대로 할 수 있다니 최고야!

하고 싶은 대로は、하다（する）に-고 싶다（～したい）と-(ㄴ/는) 대로 하다（～するとおり、～まま）がついた形。例）하라는 대로 하다（言われた通りにする）、하고 싶은 대로 하세요.（やりたいようにやってみてください）

29

ベランダにテーブルとイスを置いてお茶でもできるといい感じかな。

베란다에 테이블하고 의자를 놓고 차라도 마실 수 있으면 좋겠다.

차라도 마실 수 있으면 좋겠다の直訳は「お茶でも飲めたらいいな」。-(이)라도は「～でも」。例）커피라도 마실까?（コーヒーでも飲もうかな）、같이 밥이라도 먹어요.（一緒にごはんでも食べましょう）、하루라도 빨리 만나서 그동안 소식을 듣고 싶어요.（一日でも早く会って、その間の話を聞きたいです）

30

このデッドスペース、有効活用できないだろうか。

이 죽은 공간을 잘 활용할 수 없을까?

ここでは「デッドスペース」を죽은 공간とした。これは「有効に活用できていない、狭い空間」という意味合い。外来語の데드 스페이스としてもＯＫ。例）장롱 위 죽은 공간을 활용하다（押し入れの上のデッドスペースを活用する）、틈새 죽은 공간을 살려 수납하다（隙間のデッドスペースを活かして収納する）

♪MP3 28

31

コンセントの位置と家具の配置がうまくハマらない!

콘센트 위치하고 가구 배치가 잘 안 맞네!

直訳は「コンセントの位置と家具の配置がうまく合わないな!」。가구 배치를 맞추기가 어렵네.(家具の配置を合わせるのが難しい)という表現も可能。「ベッド」は침대、「本棚」は책장、「タンス」は옷장。配置を変えたりする場合は、바꾸다を使って表現すればOK。例) 가구 배치를 바꾸다(家具の配置を変える)、커튼하고 카페트를 바꾸다(カーテンとカーペットを変える)

32

壁に掛けた絵が曲がっているよ。

벽에 건 그림이 비뚤어져 있어.

「壁に絵を掛ける」は벽에 그림을 걸다。비뚤어지다は「曲がる」「傾く」「ゆがむ」。例) 비뚤어진 것을 바로잡다(ゆがみを直す)。비뚤어지다を使った表現に、코가 비뚤어지게 마시다(鼻が曲がるほど飲む)があるが、これは「つぶれるまでお酒を飲む」という意味。

33

枕って、案外、寿命が短いんだよね。

베개는 의외로 수명이 짧아.

의외로(意外と)の代わりに、생각보다(思ったより)という表現でもOK。寝具に関する表現には、次のようなものがある。베개를 베다(枕をする)、이불(布団)、담요(毛布)、이불을 덮다(布団を掛ける)、시트를 깔다(シーツを敷く)。

34

1着買ったら、1着捨てよう。

옷은 한 벌 사면 한 벌은 버리자.

衣類を数える単位の「着」は、벌。固有数詞と合わせて使う。例）옷 한 벌（服1着）。靴や靴下を数える「足」は켤레。「衣替え」は、옷장 정리（タンスの整理）または옷 정리（服の整理）のように表現する。例）이제 옷장 정리 해야겠다.（もう衣替えしないと）

35

このセーター、毛玉がひどいから捨てようかな。

이 스웨터, 보풀도 너무 많이 생겼고 그냥 버릴까?

「毛玉」は보풀のほかに、보푸라기とも言う。例）보풀이 일다（毛羽立つ）、보푸라기가 생기다（毛玉ができる）。그냥は「そのまま」、「色移りする」は물들다。「色あせる」は、바래다または퇴색하다。例）빛이 바랜 옷（色あせた服）、빛이 바랜 사진（色あせた写真）

36

この古いTシャツ、着心地良すぎて、なかなか処分できないんだよね。

이 티셔츠 낡긴 했는데, 너무 편해서 못 버리겠어.

直訳は「このTシャツ、古くはなったけど、楽過ぎて捨てられない」。「Tシャツ」は티とも言う。낡다は「古い」。「古いTシャツ」は오래된 티셔츠としてもOK。편하다は「楽だ」。例）입기 편한 옷（着心地が楽な服）。못 버리겠어（捨てられない）の部分は、버릴 수가 없어と表現することもできる。

37

なくしたと思っていたピアスが出てきた。よかったー！

잃어버린 줄 알았던 귀걸이가 나왔어. 다행이다!

잃어버리다は「なくす」「失う」。「ピアス」は피어스とも言うが、韓国語では一般的に귀걸이という言葉をよく使う。귀걸이가 나왔어の代わりに、귀걸이(를) 찾았어（ピアスを見つけた）という表現も可能。「ピアスの穴を開ける」は피어싱하다（ピアッシングする）。

38

引き出しから忘れてたお金が出てきた！ ラッキー、内緒で使おう。

서랍에서 잊고 있었던 돈이 나왔어! 웬 횡재! 혼자 몰래 써야지.

記憶としての「忘れる」は、잊다または잊어버리다。うっかりするの「ど忘れする」は깜빡하다。웬 횡재!の直訳は「何という思いがけない儲け物！」。횡재は〈横財〉という漢字語で、「掘り出し物」という意味もある。

39

ダンナ（妻）と久々に家でのんびりできたな～。

남편(아내)하고 오랜만에 집에서 여유롭게 보냈네~.

直訳は「ダンナ（妻）と久しぶりに家でゆとりをもって過ごしたなぁ」。여유롭게の代わりに、한가롭게、느긋하게とすることも可能。한가롭다は暇だったり、時間的に余裕がある「のんびり」。느긋하다は、気持ち的にゆったりしている「のんびり」というニュアンス。지내다の代わりに보내다を使ってもOK。

40

（我が家の猫に）食べたいくらいかわいい。

(자기집 고양이에게) 너무 귀여워 꽉 깨물어 주고 싶어.

「かわい過ぎてガブリと噛んであげたい」が直訳。깨물어 주고 싶을 만큼 너무 귀여워!（噛んであげたいくらいにかわいすぎる！）もよく使われる。-ㄹ/을 만큼は「～するほど」、「～するくらい」。

41

せっかくだから、一緒にゲームでもしよう。

모처럼 모였으니까, 같이 게임이라도 하자.

모처럼は「せっかく」「わざわざ」。ここを日本語の「せっかくだから」をそのまま直訳して모처럼이니까とすると若干不自然になる。このフレーズのように모처럼 모였으니까（せっかく集まったから）とすると、韓国語として自然な表現になる。

♪MP3 29

대화 / やりとり

学んだ表現で(　)を埋めて、1ターンの会話を完成させよう

1/

最近、面白いドラマが多いね。

요즘은 재미있는 드라마가 많아.

だよね～。本当に出来がいいよね。

맞아. 정말 (　　　　) (　　　　).

2/

宅配便!?　どうしよう、この格好じゃ出られない!

택배!? 어떡해, 이 (　　　　) 못 (　　　　)!

待って。僕が出るよ!

잠깐만. 내가 나갈게!

정답

1　(잘) (만드네)　「つまらないドラマ」であれば재미없는 드라마、「話題になったドラマ」は화제가 된 드라마、「見たいドラマ」は보고 싶은 드라마のようになる。

2　(꼴로는) (나가)　잠깐は「しばらく」「ちょっと」「つかの間」。잠깐만 기다려 주세요.で「ちょっと待ってください」。

3/
扇風機だけだと全然涼しくないなあ。
선풍기만 (　　　　) 전혀 (　　　　) 않아.

エアコンをつけるね。
에어컨을 켤게.

4/
なくしたと思っていたピアスが出てきた。よかったー!
잃어버린 (　　　　)(　　　　)
귀걸이가 나왔어. 다행이다!

よかった。運がよかったね。
잘 됐네. 운이 좋았어.

5/
せっかくだから、一緒にゲームでもしよう。
(　　　　)(　　　　), 같이 게임이라도 하자.

いいよ!
콜!

3 (틀어서는) (시원하지)　켤게は、켜다 (つける) に-ㄹ게 (〜するから) がついた形。例) 내가 할게 (私がするから)、먼저 갈게 (先に行くね)

4 (줄) (알았던)　日本語の「よかった」には、다행이다 (幸いだ)、잘 됐다 (うまくいった)、좋았다 ([運などが] 良かった) がある。場面によって使い分けよう。

5 (모처럼) (모였으니까)　콜は英語のcallに由来。콜? (いい?) / 콜! (いいよ!) のように、誘ったり、誘いに応じたりするときに使われる。콜!を좋아!や그래!としてもOK。

♪MP3 30

상황극 ／ 友人を家に招いたときの一場面

俺の城

남자 1 : 와, 정말 아무것도❶ 없네. 너 인테리어에 전혀 신경을 안 쓰지?

남자 2 : 그치❷ 뭐. 미적 감각이 없는 남자가 혼자 사는 집이 어련하겠어❸.

남자 1 : 그런데 너 주말엔 보통❹ 뭐 해?

남자 2 : 뭐 대충 하루 종일 잠옷 바람으로 그냥 뒹굴뒹굴해. 밀린 잠도 자고, 유튜브 보다 보면 시간이 금방 가.

남자 1 : 너무 방에만 틀어박혀 있지 마❺! 밖에는 안 나가?

남자 2 : 딱히❻ 약속이 없으면 안 나가. 쇼핑도 거의 다 인터넷으로 하고. 근데, 인터넷 쇼핑을 하다 보면 빨리 받아 보고 싶어서 빠른 배송으로 주문하게 돼. 어, 휴지가 다 떨어져 가네. 휴지도 인터넷으로 사야겠다.

남자 1 : 인터넷 결제로 산 물건들로 방이 꽉 찼네❼….

남자 2 : 뭐든지 통신판매에 의존했더니 집 안이 온통 박스❽ 투성이야.

(딩동)

남자 2 : 아, 맞다! 오늘은 시골에서 짐이 오는 날이었어!

남자 1 : 나가 봐❾.

남자 2 : 부모님이 제철❿ 채소를 엄청 많이 보내 주셨어….

남자 1 : 이렇게 많은 걸 어떻게 다 먹어? 나눠 주면 고맙게 잘 받을게.

男性1：うわ、ずいぶん地味な部屋だね。全然インテリアとかこだわりないだろ。

男性2：こんなもんだろ？ 美的センスゼロの1人暮らしの男の部屋だぜ。

男性1：ところでいつも休日何してんの？

男性2：だいたい1日中パジャマでごろごろしてる。
寝だめして、YouTube見てたら時間が過ぎるんだ。

男性1：引きこもるなよ！　外に出て行かないの？

男性2：誘われない限りは。買い物もほとんどネットショッピングだし。でも、
ネットショッピングすると早く受け取りたくてお急ぎ便にしちゃうんだよな〜。
あ、ティッシュ切れそう。これもネットで買おう。

男性1：ぽちったものであふれた部屋なんだな…。

男性2：何でも通販に頼ってたら家の中が段ボールだらけになったよ。

（ピンポーン）

男性2：あ！　今日は田舎から荷物が届く日だった！

男性1：出なよ。

男性2：親が旬の野菜を山のように送ってきた…。

男性1：こんなに食べ切れないだろ？　おすそ分けしたければ喜んでもらっていくよ。

語注

❶아무것도：何も（〜ない）
❷그치：그렇지の縮約形。そうだ
❸어련하다：間違いない、確かだ
❹보통：普通、たいてい
❺-지 마：〜するな
❻딱히：特に、とりたてて
❼꽉 차다：ぎっしりつまる
❽박스：箱、段ボール箱
❾나가 봐：出てみなよ。나가다（出る）＋-아/어 보다（〜してみる）
❿제철：旬の、食べごろの

복습 / 제6장に出てきたフレーズの復習

以下の日本語の意味になるよう韓国語文を完成させます。答えはページの下にあります。

❶お香をたいてリラックスする ➡P179
향을 (　　　) 놓고 (　　　) 쉬다

❷近くのコンビニまでスッピンで行く ➡P181
근처 편의점까지 (　　　) 가다

❸植物に水やりをする ➡P182
식물에 물을 (　　　)

❹耳かきする ➡P182
(　　　)를 (　　　)

❺子どもの遊び相手をする ➡P183
아이하고 (　　　) (　　　)

❻そういえば、最近あのタレント見ないね。 ➡P184
(　　　) (　　　) 요즘 그 탤런트 안 보이네.

❼ちゃんと録画できてるかな。 ➡P184
녹화 잘 (　　　)?

❽この1杯のために生きてるんだよなぁ。 ➡P187
이 한 잔을 (　　　) (　　　) 거지.

❾あ〜、不在票入ってる。 ➡P188
아, (　　　) (　　　)가 들어 있네.

❿コンセントの位置と家具の配置がうまくハマらない！ ➡P194
콘센트 위치하고 가구 배치가 잘 안 (　　　)!

정답

❶ 피워/편히
❷ 생얼로
❸ 주다
❹ 귀지/파다
❺ 놀아/주다
❻ 그러고/보니
❼ 됐을까
❽ 위해/사는
❾ 부재중/연락표
❿ 맞네

まだまだある、言いたいこと

イベントでのつぶやき

頻繁にないからこそ楽しみな、行事ごとでのつぶやき

初詣の人出がすごいな。

새해 첫 참배 인파가 엄청나네.

韓国語には「初詣」にあたる単語はないため、새해 첫 참배（新年初参拝）というように、説明的な表現となる。인파は「人出」や「人波」。

お花見に行こうよ。

꽃놀이 가자.

꽃は「花」のこと。꽃놀이で「お花見」。ちなみに、불꽃は「花火」。불꽃놀이で「花火をすること」や「花火大会」。

場所取りは人がいなきゃだめだよ。

미리 자리를 잡아 두려면 사람이 있어야 돼.

直訳は「先に席を取っておくなら、人がいなきゃだめだよ」。韓国では、日本ほど場所取りや長蛇の列を作ることは一般的ではない。

[花火見物の]
いい穴場知ってるよ。

[불꽃놀이 구경하기에] 좋은 장소 알아.

좋은 장소 알아の直訳は「良い場所知っているよ」。「穴場スポット」は、숨은 명소（隠れた名所）と表現すればOK。

浴衣の着付けをしてもらえるところないかな。

유카타 입는 거 도와 주는 데 어디 없을까?

「着付けをしてもらえるところ」は、입는 거 도와 주는 데（着るのを手伝ってくれるところ）とした。

ピン札を用意するの忘れてた!

신권을 준비하는 걸 깜박했네!

신권の代わりに새돈を使うこともできる。깜박하다は「うっかりする」。「ど忘れする」のように度合いが強まると깜빡하다となる。

合コンで
どうやったらもてるのか教えて。

미팅에서 어떻게 하면 인기가 있을지 가르쳐 줘.

어떻게 하면の代わりに、어떻게 해야を使っても良い。「もてる」は인기가 있다(人気がある)。

高校の友達の
結婚式二次会に行ってきます。

고등학교 친구 결혼식 후에 열리는 2차 모임에 다녀올게요.

飲み会などの「二次会」は2(이)차。결혼식 후 2차 모임の直訳は「結婚式後の2次会の集まり」。

友達の家で
鍋パーティーするんだけど来ない?

친구네 집에서 나베 요리 파티 할 건데 안 올래?

「鍋」にあたる냄비という単語があるが、これは調理器具としての鍋を指す。韓国料理の「鍋を作る」なら찌개를 끓이다。

打ち上げパーティーの
幹事をすることになった!

뒤풀이 모임 총무를 맡게 됐어!

「打ち上げ」は뒤풀이。「打ち上げパーティ」は、場面によっては쫑파티という表現もよく使われる。

同窓会かぁ〜。みんなに会いたいけど、
太っちゃったから私って分からなかったらショックかも。

음, 동창회. 다들 보고 싶긴 한데, 살이 너무 쪄서 나를 알아보지 못하면 충격 받을 것 같은데.

알아보지 못하다は「見ても気が付かない」。알아보다は「見て分かる」「認識する」。

제 7 장

건강・미용 ／ 健康・美容

誰もが少なからず関心を持っている健康と美容。
栄養管理したり、ダイエットに苦労したり、
医療技術に頼ってみたり…。
自分と向き合うテーマなので
心の中のつぶやきも多彩です。

♪MP3 31

단어편 / 単語編

この後のフレーズに出てくる単語を予習しよう！

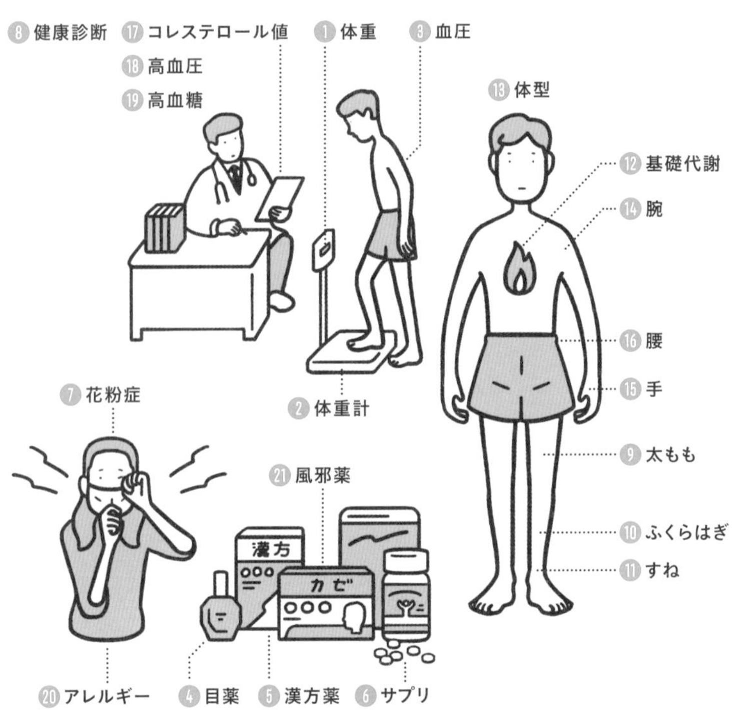

① 체중
② 체중계
③ 혈압
④ 안약
⑤ 한약
⑥ 영양제
⑦ 꽃가루 알레르기
⑧ 건강 검진
⑨ 허벅지
⑩ 종아리
⑪ 정강이
⑫ 기초대사
⑬ 체형
⑭ 팔
⑮ 손
⑯ 허리
⑰ 콜레스테롤 수치
⑱ 고혈압

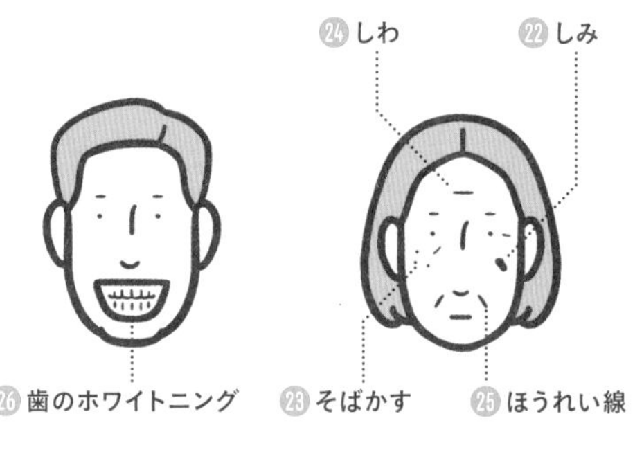

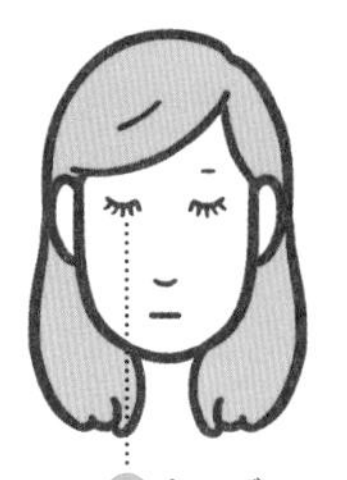

19 고혈당
20 알레르기
21 감기약
22 기미
23 주근깨
24 주름
25 팔자 주름
26 치아 미백
27 연장 속눈썹
28 네일아트
29 매니큐어

♪MP3 32

활동 / 体の動き

体の管理に関する動作を韓国語で言ってみよう!

1_ 体重が減る(増える)

체중이 줄다(늘다)

2_ 体重計で体重を量る

체중계로 체중을 재다

3_ 体重をグラフに記録する

체중을 그래프에 기록하다

4_ カロリーを消費する

칼로리를 소비하다

도우미

1_「体重」は몸무게とも言う。「体重が重い」は몸무게가 많이 나가다。

2_「体重を量る」は몸무게를 재다でもOK。「ダイエット」は다이어트。例) 난 안 먹을래. 지금 다이어트 중이야. (私は食べないことにする。ダイエット中なの)

3_「線グラフ」は선 그래프、「折れ線グラフ」は꺾은선 그래프、「円グラフ」は원그래프、「棒グラフ」は막대그래프。

4_「カロリーを減らす」は칼로리를 줄이다、「カロリーが高い」は칼로리가 높다、「カロリーが低い」は칼로리가 낮다。

5_ 골고루 먹도록 노력하다 (均等に食べるように努力する) としてもよい。골고루は고루고루とも。

6_ 야채 중심으로 식사를 하다 (野菜中心に食事をする) としてもOK。식단〈食単〉は「献立」のこと。

7_ 줄이다は「減らす」の意味。자제하다 (自制する、控える) としてもOK。

9_ 주의하다 (注意する) を조심하다 (気を付ける) とすることも可能。

11_ 直訳は「お酒を飲まない日を決める」。

5_ バランスのとれた食事を心掛ける

균형 잡힌 식사를 하도록 노력하다

6_ 野菜中心のメニューにする

야채 중심의 식단으로 하다

7_ 炭水化物を控える

탄수화물을 줄이다

8_ 間食を控える

간식을 줄이다

9_ 骨粗しょう症にならないように気を付ける

골다공증이 되지 않도록 주의하다

10_ 規則正しい生活をする

규칙적인 생활을 하다

11_ 休肝日を作る

술 안 마시는 날을 정하다

♪MP3 32

12_ スポーツクラブ(ジム)に入会して定期的に通う
스포츠 클럽(헬스장)에 가입해 정기적으로 다니다

13_ ルームランナーで汗を流す
런닝머신을 달리며 땀을 흘리다

14_ 腕立て伏せをする
팔굽혀 펴기를 하다

15_ ストレッチする
스트레칭하다

16_ ながら運動をする
생활 속 운동을 하다

17_ 仕事の合間に体を動かす
일하는 틈틈이 몸을 움직이다

18_ 1駅手前で降りて歩く
한 정거장 전에 내려서 걷다

도우미

12_「ジム」は、헬스장、헬스、헬스클럽のように訳される。「入会する」は가입하다(加入する)が使われることが多い。

13_「ルームランナー」は런닝머신(ランニングマシーン)。런닝머신에서 땀을 흘리며 운동하다(ルームランナーで汗を流しながら運動する)としても良い。

14_「腕立て伏せ」は팔굽혀 펴기。팔(腕)+굽히다(折り曲げる)+펴다(伸ばす)で、直訳すると「腕折り曲げ伸ばし」となる。

15_「体がかたい」は몸이 뻣뻣하다、「体が柔らかい」は몸이 유연하다。

16_ 直訳は「生活の中の運動をする」。일상 생활 속 운동(日常生活の中の運動)もよく使われる。

21_ 「体幹」は코어 근육 (コア筋肉)。

22_ 꼿꼿이 서다 (まっすぐ、しゃんと立つ) や바른 자세로 서다 (正しい姿勢で立つ) と表現しても。

19_ スマホの万歩計で1日の歩数を記録する

스마트폰 만보계로 하루 보행을 기록하다

20_ エスカレーターやエレベーターはなるべく使わず階段を使う

에스컬레이터나 엘리베이터는 가능한 한 사용하지 않고 계단을 이용하다

21_ 体幹を鍛える

코어 근육을 단련하다

22_ 姿勢よく立つ

똑바로 서다

♪MP3 32

23_ 手洗いとうがいをきちんとする
손 씻기와 가글을 제대로 하다

24_ 血圧を測る
혈압을 측정하다

25_ 目薬を差す
안약을 넣다

26_ デトックスをする
디톡스를 하다

27_ 漢方薬を飲む
한약을 먹다

도우미

23_「きちんとする」は잘 하다としても良い。손 씻기와 가글을 깨끗이 하다(手洗いとうがいをきれいにする)もOK。「手指の消毒剤」は손 소독제。

24_ 혈압을 재다とも言う。

25_ 直訳すると「目薬を入れる」。

26_ 해독을 하다(解毒する)も使われる。例)해독 주스(デトックスジュース)

27_「薬を飲む」は약을 먹다と言うが、漢方薬の場合は약을 마시다という表現も可能。なお、韓国では「漢方」を「韓方」と表記することも多い。

29_ 直訳は「総合検診を受ける」。

32_ 「インフルエンザ」にあたる독감は漢字で書くと〈毒感〉。인플루엔자も使えるが使用頻度が高いのは독감。

33_ 「熱が出る」は열이 나다。例）감기에 걸려 열이 났어요.（風邪を引いて熱が出ました）

28_ 花粉症になる
꽃가루 알레르기가 생기다

29_ 人間ドックに入る
종합검진을 받다

30_ 眼科検診を受ける
안과 검진을 받다

31_ 皮膚科に行く
피부과에 가다

32_ インフルエンザの予防注射を受ける
독감 예방 주사를 맞다

33_ 微熱がある
미열이 있다

♪MP3 32

34_ 定期的に歯科検診に行く
정기적으로 치과 검진을 가다

35_ 虫歯がある
충치가 있다

36_ 差し歯が取れた
의치가 빠졌다

37_ 歯を矯正する
치아를 교정하다

38_ 髪を切りに(染めに)行く
머리를 자르러(염색하러) 가다

39_ エステを予約する
피부 관리샵 예약을 하다

40_ まつげエクステをする
속눈썹 연장술을 하다

도우미

35_ 日常会話では、이가 썩다(歯が腐る/腐っている)という表現もよく使われる。例) 이가 두 개나 썩었어. 또 치과 가야 돼. (2つも虫歯ができた。また歯医者行かなきゃ)

36_ 의치は「差し歯」。入れ歯は틀니、インプラントは임플란트。

37_ 이를 교정하다という表現もよく使われる。ただし、「歯の矯正」の場合には이 교정はあまり頻度が高くなく、치아 교정のほうがよく使われる。矯正道具の「ブラケット」は브라켓。

39_ 「エステ」は피부관리샵(皮膚管理ショップ)。피부は「皮膚」「肌」。例) 피부가 정말 좋네요. (お肌が本当にきれいですね)

40_ 속눈썹을 연장하다としてもOK。

41_ パックをする
팩을 하다

42_ ネイルをしてもらう
네일을 받다

43_ レーザー脱毛に通う
레이저 제모하러 다니다

44_ プチ整形する
미용 시술을 받다

42_ 네일샵에서 네일 했어(ネイルサロンでネイルした)という表現も会話ではよく使う。

44_ 시술は「施術」。수술はメスを入れる本格的な手術のイメージ。「プチ整形」は살짝 성형と表現しても良い。살짝は「軽く」。

♪MP3 33

혼잣말 ／ つぶやき表現

みんなが気になる健康と美容に関するつぶやき

1

ダイエットは明日から！

다이어트는 내일부터!

「ダイエット」は살빼기とも言う。ダイエットに関する表現には、살을 빼다（痩せる）、살이 찌다（太る）、체중계（体重計）、식사제한（食事制限）、소비 칼로리（消費カロリー）、섭취 칼로리（摂取カロリー）などがある。

2

ダイエット停滞期に入っちゃった。

다이어트가 정체기에 접어들었어.

다이어트 정체기에 접어들었어.としても同じ意味を表すことができる。「なかなか痩せない」は살이 정말 잘 안 빠져.。「すごく太った！」は살이 너무 많이 쪘어!となる。こんな時の心の叫び「どうしてなの！?」は、왜 이러지!?。

3

目指せ美脚！

내 목표는 아름답고 날씬한 다리!

直訳は「私の目標は、きれいで細い脚！」。「足」には다리と발があるが、다리は足全体を、발は足首より下を指す。足に関連する単語には次のようなものがある。미각（美脚）、각선미（脚線美）、허벅지（太もも）、발목（足首）。

4

年とともに新陳代謝が悪くなるんだ。

나이가 들면서 신진대사가 나빠지니까 말이야.

나이가 들다で「年を取る」「老ける」。「年を取る」は나이를 먹다とも言う。例）나이가 들어도 젊어 보여요.（年を取っても若く見えます）、나도 나이 많이 먹었어.（私もかなり年取ったわ）。「お年を召す」は나이를 드시다。

5

健康的に痩せたい！

건강하게 살을 빼고 싶어!

男女ともに「ナイスボディ」「鍛え上げられた美しい体形」のことを몸짱と言う。トレーニングに関連する単語には次のようなものがある。근력 운동（筋トレ）、유산소 운동（有酸素運動）、스트레칭（ストレッチ）、엑서사이즈（エクササイズ）。

6

痩せたらキープするのが大事。

살을 뺀 후에 유지하는 게 중요해.

「キープする」は유지하다（維持する）。ダイエットの後に体重が戻ってしまう「リバウンド」は요요현상という。요요は「ヨーヨー」、현상は「現象」。短く요요とだけ言うこともある。「リバウンドする」は요요현상이 왔다、요요가 왔다。

♪MP3 33

7

飲むだけで痩せるなんて、そんなうまい話があるわけないじゃない。

마시기만 해도 살이 빠진다니, 그런 게 가능해?

그런 게 가능해?は「そんなことが可能なの?」という意味。同じような意味で、会話やSNSなどでは反語的に그런 게 어딨어? (そんなのがどこにあるっていうの?)のように言い表すこともある。어딨어は어디 있어の縮約形。

2時間のウォーキングでやっとケーキ1個分かぁ。むなしい!

2시간을 걸어야 케이크 한 개 분량 칼로리가 겨우 소모된다니. 허무해!

直訳は「2時間歩いてやっとケーキ1個分のカロリーが消耗されるだなんて!」。「むなしい」は허무하다。허무を漢字で書くと〈虚無〉。-다니は、「〜だなんて」。例) 외국어를 그렇게 잘하다니 정말 대단해. (外国語がそんなに上手だなんて、本当にすごい)

甘い物の誘惑には勝てないなぁ。

단 음식의 유혹을 못 이기겠어.

同じような内容を表現するフレーズとして、단 음식 앞에 번번이 무너져. (甘い物の前では毎度崩れるなぁ)や、단 음식을 보면 도저히 못 참겠어. (甘い物を見ると、到底我慢できない)という表現もよく使われる。ちなみに「辛い物」は매운 음식、「こってりした物」は느끼한 음식、「あっさりした物」は담백한 음식。

10

カロリーオフでもおいしくなきゃいやだ。

저칼로리라도 맛있어야 돼.

저칼로리は「低カロリー」。「カロリーゼロ」「ノンカロリー」は제로칼로리。ちなみに「高カロリー」は고칼로리。また、ダイエットに関連したフレーズには맛있게 먹으면 제로칼로리! (おいしく食べたらゼロカロリー!)というものがある。

11

おなか回りのお肉ってどうして落ちないんだろ。

뱃살은 왜 잘 안 빠지지?

뱃살は「おなかの肉」。おなか回りのお肉のことを배둘레햄（腹巻きハム）とも言う。例）배둘레햄을 없애려면 운동을 해야지.（おなか回りのお肉をなくすには運動しなきゃ）、배둘레햄을 쏙 빼 주는 디톡스 주스（おなか回りのお肉をスポンと取ってくれるデトックスジュース）

12

少し前に買ったパンツが、入らなくなった。

얼마 전에 산 바지가 안 들어가.

안 들어가は「入らない」という意味。服や靴などが「きつい」という場合には、꽉 끼다と言うが、꽉は꼭としてもOK。また、끼다だけでも使うことができる。例）사이즈가 안 맞는 거 같아요. 꽉 껴요.（サイズが合わないみたいです。きついです）

♪MP3 33

13

体型カバーする服ばっか着てたら、体型がますます崩れた。

체형 커버하는 옷만 입었더니 체형이 점점 망가졌어.

망가지다は（物や形などが）「壊れる」「ダメになる」という意味。「体型」は몸매とも言う。「体型をキープする」は체형을 유지하다。「ぶかぶかの服」は헐렁헐렁한 옷。헐렁하다の形でも「ゆるい」「ぶかぶかだ」の意味で使われる。

14

二の腕がぷにぷにで出せない。

팔뚝 살이 축축 처져서 드러내기 민망해.

「二の腕」は팔뚝。축축 처지다は「だらんと垂れ下がる」。「出せない」の部分は、남한테 보이기 민망하다（他人に見せるのはみっともない）でもＯＫ。似たような意味で、팔뚝이 드러나는 옷을 입기가 좀 그렇다.（二の腕が出る服を着るのはちょっとアレだ）といった表現も可能。「ノースリーブの服」は민소매 옷。日常会話では日本語の「（袖）なし」が由来の나시、나시티（티＝Tシャツの「T」）も使われる。

15

彼女、痩せて見違えたな。

그 여자, 살이 너무 빠져서 몰라봤어.

「痩せる」は살이 빠지다で、살을 빼다とすることも可能。痩せるという意味の単語には날씬하다や마르다があるが、날씬하다が「美しくすらっとしている」というプラスイメージなのに対し、마르다は「痩せ過ぎ」のニュアンスがあり、どちらかといえばマイナスイメージである。

16

服を全部買い替えないと!

옷을 전부 다시 사야겠어!

「全部」は、다、あるいは전부 다のようにも表現できる。「買い替える」は다시 사다 (また買う)。다시は「また」のほかに、「〜し直す」と訳せる場合もある。例) 전화를 다시 걸다 (電話をかけ直す)、내가 다시 할게. (私がやり直すよ)

17

あの人の着こなし、派手じゃないけどなんか垢抜けてるなぁ。

저 사람 옷 입는 거, 화려하지는 않지만 왠지 세련됐어.

왠지 (なぜか)の部分を어딘지 모르게 (どこだか分からず)としてもOK。「垢抜けている」は세련되다で、「洗練されている」「素敵だ」といったニュアンス。例) 세련된 카페가 많아요. (おしゃれなカフェが多いです)

18

引き締まった体になりたい!

탄력 있는 몸이 되고 싶어!

탄력 있다は「弾力がある」が直訳。この탄력は、肌に対しても使うことができる。例) 탄력이 있는 피부 (弾力のある肌)。体型維持の関連単語には次のようなものがある。체지방률 (体脂肪率)、지방을 태우다 (脂肪を燃やす)、간식 (間食、おやつ)、외식 (外食)、식사량 (食事量)、탄수화물 (炭水化物)。

♪MP3 33

19

ラジオ体操がこんなにも疲れるものだとは。

라디오 체조가 이렇게 피곤할 줄이야.

피곤할 줄이야の部分は、힘들 줄이야.や、힘든 줄 몰랐어.のように言うこともできる。-ㄹ 줄이야は「〜だとは」「〜だなんて」という意味で、思ってもみなかったことなどに対して使うことができる。例）이렇게 추울 줄이야.（こんなに寒いだなんて）

20

腰痛には腹筋が効くみたいだよ。

요통에는 복근 운동이 효과가 있나 봐.

복근 운동이 효과가 있다は、「腹筋運動が効果がある」。복근だけだと体の部位としての「腹筋」を表すことにもなるため、ここでは복근 운동としている。筋トレの「腹筋」は、윗몸일으키기とも言う。ちなみに、「スクワット」は스쿼트、「筋肉痛」は근육통。

21

最近、ジムをさぼりがちだ。

요즘 헬스장 자주 빼먹어.

「さぼる」は빼먹다。빼먹다には「なまける」「漏らす」「抜かす」という意味もある。「最初は一週間に2、3回は行ってたのに」であれば、처음에는 일주일에 두세 번은 갔었는데.となる。

22

早朝のジョギングは気持ちがいい。

아침 일찍 조깅하면 기분이 좋아.

조깅하면は달리면に差し替え可能。「ジョギング」は조깅または달리기、「走る」は달리다。「習慣になる」は、습관이 되다。例）아침 일찍 조깅하는 게 습관이 되었다.（毎日、早朝にジョギングすることが習慣になった）

23

準備体操しなかったから、脚がつったんだよ。

준비운동을 제대로 안 해서 다리에 쥐가 난 거야.

「準備体操」は준비체조とも言う。「脚がつる」は다리에 쥐가 나다。例）갑자기 다리에 쥐가 났어요.（急に脚がつりました）。「ストレッチ」は스트레칭。例）운동하기 전에 꼭 스트레칭을 하세요.（運動する前に必ずストレッチをしてください）

24

筋肉痛が3日後に出るなんて。私も歳だな。

근육통이 3일 후에 나타나다니. 나도 나이를 먹었나 봐.

「私も歳だな」は나도 나이가 들었나 봐.としてもOK。「筋肉痛がひどい」は근육통이 심하다。筋肉痛が出なかった場合には、次のようなフレーズを言ってみよう。운동을 정말 열심히 했는데, 다음날 일어나니 근육통이 전혀 없어.（本当に運動を一生懸命やったのに、次の日起きたら全然筋肉痛がないの）。

25

40歳過ぎてからでも体力ってつけられるのかなあ。

40살이 넘어서도 체력을 키울 수 있을까?

넘다は「過ぎる」「越える」。例）2시간이 넘게 걸렸다.（2時間以上かかった）。「体力をつける」は、체력을 키우다。키우다は「育てる」「伸ばす」「大きくする」の意味。例）근육을 키우다（筋肉をつける）

26

デスクワークばかりで、運動不足だ。

앉아서만 일하다 보니 운동 부족이야.

直訳は「座って仕事してばかりいたら運動不足だ」。「デスクワーク」の意味で사무직〈事務職〉、사무직 일（事務職の仕事）もよく使われる。「脚がむくむ」は다리가 붓다。例）다리가 통통 붓다（脚がぱんぱんにむくむ）

27

忙しくても健康診断は受けておかないとね。

바빠도 건강 검진은 받아야지.

「血液検査」は혈액 검사。「血圧が高い ／ 低い」は、혈압이 높다/낮다。「レントゲン」はX레이。ここでは、健康診断に関するフレーズを2つ紹介しておこう。검사결과는 언제 알 수 있어요?（検査結果はいつ分かりますか?）、건강검진 결과 어떻게 됐어?（健康診断の結果どうだった?）。

28

和食中心にしたら、コレステロール値が下がった！

일식 중심으로 먹었더니 콜레스테롤 수치가 떨어졌어!

直訳は「和食中心に食べたら、コレステロールの数値が下がった」。コレステロール値が上がった場合は、콜레스테롤 수치가 높아졌다となる。일식は「和食」のことで、漢字で書くと〈日式〉。「中華料理」は중식〈中式〉、「韓国料理」は한식〈韓式〉。

29

偏食がたたって貧血になっちゃった。

편식 때문에 빈혈이 생겼어.

食べ物を選り好みするという意味での「好き嫌いをする」は、음식을 가리다。「苦手な（嫌いな）食べ物」は、가리는 음식。「好き嫌いが激しい」「味にうるさい」は입맛이 까다롭다、식성이 까다롭다のように言う。까다롭다は「気難しい」「うるさい」。「好き嫌いが分かれる」は호불호가 갈리다。

30

生理痛が重くて。

생리통이 너무 심해.

直訳は「生理痛がひどすぎて」。심하다は「ひどい」。例）감기가 더 심해졌어요.（風邪がもっとひどくなりました）。「頭痛がひどい」であれば、두통이 심하다となる。ちなみに「生理用ナプキン」は생리대〈生理帯〉。

♪MP3 33

31

風邪をひきやすくなったな。

감기에 잘 걸리게 됐어.

同じような意味で、툭하면 감기에 걸려.（ちょっとしたことで風邪をひく）、または금방 감기에 걸려.（すぐ風邪をひく）もOK。なお、「新型コロナウイルス」は코로나19（コロナ19）、「新型コロナウイルスの陽性者は확진자〈確診者〉、「自主隔離」は자가격리〈自家隔離〉。

32

体質改善してアレルギーをなくしたい。

체질을 개선해서 알레르기를 없애고 싶어.

체질は「体質」。例）먹으면 바로 살찌는 체질（食べるとすぐに太る体質）。「アレルギー」は알레르기。例）알레르기가 있어요.（アレルギーがあります）。ちなみに「花粉症」のことは꽃가루 알레르기（花粉アレルギー）と言う。

33

やばい！ 鼻がムズムズする！ まだ花粉症じゃないと思ってたんだけど。

큰일이다! 코가 간질간질해!
아직 꽃가루 알레르기가 아니라고 생각했는데.

큰일이다は큰일 났어に差し替え可能。큰일이다は「大変だ」「大事だ」、큰일 났어は「大変なことになった」という意味で、どちらもここでは「やばい！」の意味にあたる。「どうしよう！？」であれば어떡해!?となる。

34

家に入る前に花粉払い落としてー！

집에 들어가기 전에 꽃가루 털어!

털다は、手やブラシなどでほこりを「払い落す」ときに使える表現。例) 쌓인 먼지를 털다（つもったほこりを払う）。ちなみに、「ほこりが立つ」は먼지가 날리다。PM2.5は미세먼지（微細ほこり）という。「マスクをする」は마스크를 쓰다／하다。

35

目がゴロゴロする。

눈에 뭐 들어간 것 같아.

直訳は「目に何か入ったみたい」。花粉症の症状に関する表現には、次のようなものがある。재채기가 나오다（くしゃみが出る）、재채기가 멈추지 않다（くしゃみが止まらない）、코를 풀다（鼻をかむ）、눈이 가렵다（目がかゆい）、눈물이 나다（涙が出る）。

36

置き薬に頭痛薬が欠かせない。

상비약에 두통약은 필수야.

直訳は「常備薬に頭痛薬は必須だ」。상비약에は상비약으로としてもOK。「痛い」という意味の아프다は「具合が悪い」や「体調が悪い」という意味でも使える。薬に関する表現には、次のようなものがある。약을 먹다（薬を飲む）、안약을 넣다（目薬をさす）、가루약（粉薬）、알약（錠剤）、캡슐（カプセル）。

♪MP3 33

37

この風邪薬、眠くなるやつ?

이 감기약 졸리는 거야?

「寝不足」は잠이 부족하다。「うとうとする」「居眠りする」は、졸다あるいは깜박 졸다。例) 졸음운전 (居眠り運転)、졸면서 운전하면 위험해요. (居眠りしながら運転すると危険です)、감기약을 먹었더니 너무 졸려요. (風邪薬を飲んだら、すごく眠たいです)

38

吹き出物がなかなか治らないなぁ。皮膚科に行こうかな。

뾰루지가 좀처럼 낫질 않네. 피부과에 갈까?

「吹き出物」は뾰루지、「ニキビ」は여드름。「吹き出物ができる」は뾰루지가 나다 / 생기다。「治る」は낫다。例) 여드름이 낫다 (ニキビが治る)、여드름이 좀처럼 낫지 않아요. (ニキビがなかなか治りません)

39

この時期は寝ても寝ても寝足りない。

이 시기엔 자도 자도 잠이 모자라.

이 시기엔 (この時期には) の部分は、요즘은 (最近は) でも。ほぼ同じ意味で、요즘은 자도 자도 졸려. (最近は寝ても寝ても眠い) としてもＯＫ。「寝坊する」は늦잠을 자다、「寝る」は자다、「寝入る」は잠 들다、「眠くなる」は잠이 오다、「眠れない」は잠이 안 오다。

40

5月は紫外線がきついから日焼け止め塗らなきゃ。

5월은 자외선이 강하니까 선크림을 꼭 발라야 해.

「日焼け止め」は、선크림（サンクリーム）あるいは자외선 차단제（紫外線遮断剤）と言う。「日焼け止めを塗る」は선크림을 바르다。「日焼けする」は햇볕에 타다。自分の意思で日焼けする場合は、선텐（サンタン、suntan）や태닝（タンニング、tanning）といった単語を使うと良い。

41

あっ、こんなところにシミができてる～。

앗, 이런 데 기미가 생겼어~.

「シミ」は기미、「しわ」は주름。どちらも「できる」のは생기다で表現する。「シミをなくす」は기미를 지우다/없애다。ちなみに「えくぼ」は보조개といい、「笑うとえくぼができる」は웃으면 보조개가 생기다/들어가다となる。「ほくろ」は점。「ほくろを取る」は점을 빼다。

42

このしわ、なんとかならないかしら。

이 주름, 어떻게 좀 안 될까?

しわに関連する単語には次のようなものがある。눈가주름（目尻のしわ）、눈밑주름（目の下のしわ）、이마주름（額のしわ）、주름에 효과가 있다（しわに効く）。「肌の手入れ」は피부관리〈皮膚管理〉。

♪MP3 33

43

ほうれい線、どうやったら薄くなるんだろう。

팔자주름, 어떻게 하면 없어지지?

「ほうれい線」は팔자주름と言うが、これは「八の字しわ」という意味。肌の悩みについての表現には、次のようなフレーズも使える。피부관리를 열심히 하는데도 효과가 없어서 고민이에요.（肌のお手入れを頑張っているんですけど、効き目がなくて悩みです）。

最近肌がカサカサだなぁ。

요즘 피부가 푸석푸석해.

푸석푸석하다は「カサカサする」。「肌が弱い」は피부가 약하다、「敏感肌だ」は피부가 민감하다。肌の質などに関連する表現には次のようなものがある。칙칙하다（くすんでいる）、촉촉하다（しっとりする）、탱탱하다（張りがある）、매끈매끈하다（すべすべする）、윤기 있다（つやがある）。なお、윤기の発音は[윤끼]。

45

うぇっ！ いつの間にか白髪がこんなに！

우와! 어느새 흰머리가 이렇게 많아졌어!

同様のシチュエーションで、우와, 언제 흰머리가 이렇게 늘었지?（うぇっ、いつ白髪がこんなに増えたの？）という表現もよく使われる。「白髪」は흰머리、「若白髪」は새치。머리は「頭」のことも「髪」のことも表す。「白髪染め」は새치 커버（若白髪カバー）、「根元染め」は뿌염（뿌리염색の縮約形）、「部分染め」は부분 염색。

46

歯のホワイトニングって保険きかないの!?

치아 미백은 보험이 안 돼!?

「歯のホワイトニング」は、치아 화이트닝としてもOK。「保険がきく/きかない」は보험이 되다/안 되다。「歯石除去」は치석 제거または스케일링。「歯科」「歯医者」は치과。このときの과〈科〉は[꽈]と発音される。次の場合も同様。내과(内科)、외과(外科)、정형외과(整形外科)。

47

春のコスメ買い足さなきゃ!

봄철 화장품 더 사야겠어!

봄철は「春シーズン」。「買い足す」は더 사다(もっと買う)と言う。化粧品店で使えそうなフレーズには、테스터 있어요?(テスターはありますか?)、잘 나가는 게 뭐예요?(売れ筋商品はどれですか?)、스킨하고 로션 같이 주세요.(化粧水と乳液セットでください)などがある。

48

韓国コスメのファンデはカバー力がすごい。

한국 화장품 파운데이션은 커버력이 굉장해.

「すごい」は、굉장해の代わりに정말 좋아(本当に良い)や끝내줘(最高だ)を使っても良い。끝내주다の直訳は「終わらせてくれる」だが、くだけたニュアンスで「最高だ」「ものすごい」という意味を表す。

♪MP3 33

49

ちょっとメイク濃すぎたかな。

화장이 너무 진했나?

「化粧が濃い／薄い」は화장이 진하다 / 연하다。「ナチュラルメイク」は내추럴 메이크업または청순한 메이크업、자연스러운 메이크업。例) 자연스러운 메이크업 연출하는 법 (ナチュラルメイクを演出する方法)

50

この美白クリーム、プチプラなのにハイスペックだ。

이 미백 크림, 저가 제품인데 품질은 정말 좋아.

「プチプラ」は저가제품 (低価製品)。似たような表現で저가 브랜드 (低価ブランド) という表現もある。また、化粧品の場合は저가 화장품 (低価化粧品) でもOK。「プチプラなのに」は、가격은 싼데 / 저렴한데 (価格は安いのに) とも表現できる。

51

マツエクすぐ取れる〜。

연장 속눈썹 금방 떨어져~.

「マツエク」は속눈썹 연장 (まつ毛延長) と言う。例) 속눈썹 연장했어? 티 안 나네. (マツエクしたの？ 自然だね)。「まつ毛が長い」は속눈썹이 길다。속눈썹は「まつ毛」のことだが、「つけまつげ」のことも指す。

52

ネイルすると気分があがる!

네일을 받으면 기분이 좋아져!

ネイルに関連する単語には次のようなものがある。네일샵 (ネイルサロン)、젤네일 (ジェルネイル)、매니큐어 (マニキュア)、네일스티커 (ネイルシール)、인조 손톱 (つけ爪)、발톱 (足の爪)、페디큐어 (ペディキュア)。

53

やたら頭がかゆい! シャンプーを変えたせいかな。

아, 왜 이렇게 머리가 가렵지? 샴푸를 바꿔서 그런가?

直訳は「ああ、どうして頭がかゆいんだろう? シャンプーを変えたからなのか?」。머리가 너무 가려워! 샴푸를 바꿔서 그럴지도 몰라. (頭がかゆい! シャンプーを変えたからかもしれない)としても、同様の意味を表すことができる。

54

今日のパーマ、かかり過ぎ! 明日、直してもらわないと。

오늘 파마 너무 뽀글뽀글해!
내일 다시 좀 해 달라고 해야겠다.

뽀글뽀글は「くるくる」。パーマが強くかかり過ぎた場合は파마가 너무 세게 나왔어. (パーマがとても強く出た)。「かかり過ぎたパーマ」のことを아줌마파마 (おばちゃんパーマ)とも。「ストレートパーマをかける」は스트레이트 파마를 하다。ちなみに「(パーマをかけていない)ストレート」は생머리。「髪の分け目」は가르마。「分け目をつける」であれば가르마를 타다。

♪MP3 34

대화 ／ やりとり

学んだ表現で(　)を埋めて、1ターンの会話を完成させよう

1／

甘い物の誘惑には勝てないなぁ。

(　　　)(　　　)의 유혹을 못 이기겠어.

甘党だからね。仕方ないよ。

단 걸 좋아하니까. 어쩔 수 없지, 뭐.

2／

おなか回りのお肉ってどうして落ちないんだろ。

뱃살은 왜 잘 안 빠지지?

年とともに新陳代謝が悪くなるからねえ。

(　　　)가 (　　　) 신진대사가
나빠지니까 말이야.

정답

1 (단) (음식)　文の最後に入る-지 뭐は、あきれた感じや脱力感、照れなどのニュアンスを表す。日本語訳には、その部分は現れない。

2 (나이) (들면서)　나이가 들면서を나이가 들면、신진대사가 나빠지니까を신진대사가 안 좋아지니까、あるいは신진대사가 느려지니까としても良い。

3／

やばい！ 鼻がムズムズする！

큰일이다! 코가 (　　　　　)!

家に入る前に花粉払い落としてー！

집에 들어오기 전에 꽃가루 (　　　　　)!

4／

春のコスメ買い足さなきゃ！

(　　　　　) 화장품 더 사야겠어!

この新作のファンデ、カバー力がすごいって知ってた？

이 신상 파운데이션,
커버력이 (　　　　　) 거 알고 있었어?

5／ やたら頭がかゆい！ シャンプーを変えたせいかな。

아, 왜 이렇게 머리가 (　　　　　)?
샴푸를 (　　　　　) 그런가?

このシャンプー、試してみて！

이 샴푸 한번 써 봐!

3 (간질간질해) (털어) 「払い落としてください」と丁寧に言う場合には、털어 주세요または털어 주시겠어요?となる。

4 (봄철) (굉장한) 「新商品」「新作」は日常会話では신상ということが多い。「すごい」は、くだけたニュアンスで장난 아니다!としてもOK。

5 (가렵지) (바꿔서) 한번は「一度」。써 봐!は、「使ってみて」。「良かったよ」は괜찮더라。

♪MP3 35

상황극 / 姉妹がダイエットについて話す場面

2人ならがんばれる?

여성 1 (여동생) : 나도 언니처럼 탄력 있는 몸이 되고 싶어!

여자 2 (언니) : 갑자기 왜 그래?❶

여자 1 : 체형 커버하는 옷만❷ 입었더니❸ 체형이 점점 망가졌어.

여자 2 : 나처럼❹ 균형 잡힌❺ 식사를 하도록 노력하고, 헬스장도 정기적으로 다녀. 간식도 좀 줄이고!

여자 1 : 탄수화물을 줄이고 야채 중심의 식단으로 해야 할까? … 근데❻, 저칼로리라도 맛있어야 돼!

여자 2 : 일시적으로 살이 빠져도 결국 바로❼ 요요현상이 오니까. 천천히 살을 뺀 후에 유지하는 게 중요해.

여자 1 : 맞아❽. 건강하게 살을 빼고 싶어!

여자 2 : 우리 같이 달릴래?❾ 아침 일찍 조깅하면 기분이 좋아.

여자 1 : 다른 사람하고 같이 달리면 꾸준히❿ 계속 할 수 있을지도 몰라. 언니는 꾸준히 노력하고, 대단해.

여자 2 : 나이 탓만⓫ 하고 싶지 않으니까. 앉아서만 일하다 보니 운동도 부족하고 피부상태도 별로 안 좋아.

여자 1 : 피부에 신경을 써서 피부과도 가고. 언니는 정말 미를 추구하는 여자야⓬~.

여자 2 : 너도 이제 곧 내 마음을 이해할⓭ 거야. 이 주름, 어떻게 좀 안 될까?

女性1（妹）：お姉ちゃんみたいな引き締まった体になりたい！

女性2（姉）：急に何？

女性1：体型カバーする服ばっか着てたら、体型がますます崩れた。

女性2：私みたいに、バランスの取れた食事を心掛けて、
ジムに定期的に通いなさい。間食も控えて！

女性1：炭水化物を控えて野菜中心のメニューにしなきゃダメかな…。
でもカロリーオフでもおいしくなきゃヤダー！

女性2：一時的に痩せても結局すぐリバウンドするから。ゆっくり痩せてキープするのが大事。

女性1：確かに。健康的に痩せたい！

女性2：一緒に走る？　早朝のジョギングは気持ちいいわよ。

女性1：誰かと一緒なら続けられるかも。お姉ちゃんはずっと頑張っててすごいね。

女性2：年齢に負けたくないからね。
デスクワークばかりだと運動不足で肌の調子もいまいちなの。

女性1：お肌気にして皮膚科行ったりしてるもんね。美意識たっか〜。

女性2：あんたも今に気持ちが分かるわよ。このしわ、なんとかならないかしら。

語注

❶왜 그래?：（相手の言動をいぶかしんで言う）どうしたの？、何
❷-만：だけ、ばかり
❸-더니：〜したら
❹-처럼：〜みたいに
❺균형이 잡히다：バランスが取れている
❻근데：그런데の縮約形。でも、ところで
❼바로：すぐに
❽맞아：基本形は맞다。その通りだ、そうだ
❾-ㄹ래?：〜する？
❿꾸준히：根気よく
⓫탓：〜のせい
⓬미를 추구하는 여자：美を追求する女
⓭이해하다：理解する

복습 ／ 제7장に出てきたフレーズの復習

以下の日本語の意味になるよう韓国語文を完成させます。答えはページの下にあります。

❶体重計で体重を測る ➡P208
체중계로 체중을 (　　　　)

❷規則正しい生活をする ➡P209
(　　　　) 생활을 하다

❸仕事の合間に体を動かす ➡P210
일하는 (　　　　) 몸을 움직이다

❹体幹を鍛える ➡P211
코어 근육을 (　　　　)

❺目薬を差す ➡P212
안약을 (　　　　)

❻ダイエットは明日から！ ➡P216
(　　　　)는 내일부터!

❼あの人の着こなし、派手じゃないけどなんか垢抜けてるなあ。 ➡P221
저 사람 옷 입는 거, (　　　　)는 않지만 왠지 (　　　　).

❽腰痛には腹筋が効くみたいだよ。 ➡P222
요통에는 복근 운동이 (　　　　)가 (　　　　) 봐.

❾準備運動しなかったから、脚がつったんだよ。 ➡P223
준비운동을 (　　　　) 안 해서 다리에 (　　　　)가 (　　　　) 거야.

❿置き薬に頭痛薬が欠かせない。 ➡P227
(　　　　)에 두통약은 (　　　　)야.

정답

❶ 재다
❷ 규칙적인
❸ 틈틈이
❹ 단련하다
❺ 넣다
❻ 다이어트
❼ 화려하지/세련됐어
❽ 효과/있나
❾ 제대로/쥐/난
❿ 상비약/필수

제 8 장

취미 / 趣味

好きなことに没頭してストレスを発散させる
人も多いのではないでしょうか。
ここでは、映画やスポーツなど、
趣味と言える「好きなこと」をして
リフレッシュする時間の動作やつぶやきを紹介します。

♪MP3 36

단어편 / 単語編

この後のフレーズに出てくる単語を予習しよう！

1 영화(연극/뮤지컬)
2 야구 연습장
3 파워 스폿
4 갤러리
5 워크숍
6 벼룩시장

7 자원봉사 활동
8 뜨개질(수예)
9 비즈 공예
10 원예 용품
11 가드닝
12 바베큐

13 바다 낚시
14 등산
15 온천
16 예고편
17 비평
18 공짜표

⑲ 사진전
⑳ 여행
㉑ 해변 리조트
㉒ 실내암벽등반

♪MP3 37

활동 ／ 体の動き

趣味やレジャーでの動作を韓国語で言ってみよう!

1_ 映画を(劇／ミュージカルを)見に行く
영화를(연극/뮤지컬을) 보러 가다

2_ ヨガに通う
요가를 다니다

3_ バッティングセンターでストレスを解消する
야구 연습장에서 스트레스를 해소하다

4_ 草野球の応援をする
동네 야구를 응원하다

5_ サッカー観戦をする
축구 관람을 하다

6_ フットサルの練習に行く
풋살 연습을 하러 가다

도우미

1_「映画館」は、극장〈劇場〉または영화관〈映画館〉。

2_「瞑想」は명상。「ゆっくり息を深く吸い込む／吐く」は천천히 숨을 깊게 들이마시다／내쉬다。

3_「バッティングセンター」は야구 연습장〈野球練習場〉。

4_「草野球」は동네 야구。동네は「隣近所」「町」という意味。

5_ 관람は漢字で書くと〈観覧〉。演劇、映画、スポーツ競技などを見るときに使われる単語。

6_ -(으)러 가다は「～しに行く。例) 영화를 보러 가다(映画を見に行く)

7_ 少年野球のコーチをする
소년 야구팀 코치를 하다

8_ 自撮りしやすいカメラを買う
셀카 찍기 좋은 카메라를 사다

9_ 知らない街を散歩する
낯선 거리를 산책하다

10_ 食べ歩きをする
맛집을 찾아다니다

7_ 팀は「チーム」。「監督」であれば감독となる。

8_ 「写真を撮る」は사진을 찍다。

9_ 낯설다は「見慣れない」「不慣れだ」。反対に「見慣れた」「慣れている」は낯익다。

10_ 直訳は「おいしい店を訪ね歩く」で、あちこちのおいしいと評判の店に行き、グルメを堪能するイメージ。一方、観光地などの街中でぶらぶら歩きながら食べる場合の「食べ歩きをする」は걸어다니면서 먹다（歩き回りながら食べる）。屋台などで買えるその場で食べられる食べ物は길거리 음식（道端の食べ物）。

♪MP3 37

11_ パワースポット巡りをする
파워 스폿을 돌다

12_ 趣味の集まりに参加する
취미 모임에 참석하다

13_ ギャラリーの作品展を見に行く
갤러리 작품전을 보러 가다

14_ ワークショップに参加する
워크숍에 참석하다

도우미

11_「パワースポット」を韓国語で説明すると、영적으로 좋은 기운을 얻을 수 있는 장소となる(霊的に良い気を得られる場所)のようになる。

12_「集まり」は모임。참석하다 (参席する) は참가하다 (参加する)とも言う。

15_ 벼룩は「蚤」のことで벼룩시장を直訳すると「蚤の市」。外来語由来の프리마켓も使われる。

16_ 「ボランティア」は자원봉사〈自願奉仕〉、자원봉사활동〈自願奉仕活動〉とも。

17_ 「英語スクールに通う」であれば、영어 학원에 다니다となる。

18_ 「フォトジェニックな料理」は、예쁘게 잘 나오는 요리（きれいに映える料理）や、맛있어 보이게 나오는 요리（おいしく見えるように映える料理）としても良い。

19_ 直訳は「お菓子を作る」。과자 만들기를 하다（お菓子作りをする）とも言う。

21_ 구슬공예를 하다としてもOK。구슬は「玉」「ビーズ」。

15_ フリーマーケットに店を出す
벼룩시장에 출품하다

16_ ボランティア活動をする
봉사 활동을 하다

17_ スカイプで英会話レッスンを受ける
스카이프로 영어 회화 레슨을 받다

18_ フォトジェニックな料理を作る
사진 찍기 좋은 요리를 만들다

19_ お菓子作りをする
과자를 만들다

20_ 編み物を（手芸を）する
뜨개질을（수예를） 하다

21_ ビーズ細工をする
비즈 공예를 하다

MP3 37

22. ホームセンターで園芸用品を買う
홈 센터에서 원예 용품을 사다

23. ガーデニングをする
가드닝을 하다

24. DIYで棚を作る
DIY로 선반을 만들다

25. 一人カラオケで5時間歌い続ける
혼자 노래방에서 5시간 동안 노래를 계속 부르다

26. フェスに参戦する
음악 페스티발에 참가하다

27. バンドの練習をする
밴드 연습을 하다

28. ドライブをする
드라이브를 하다

도우미

23. 「ガーデニング」は、정원 가꾸기/꾸미기(庭園を手入れすること／飾ること)とも。

24. 手作りのことを수제〈手製〉と言う。

25. 広く使われる言葉ではないが、「一人カラオケ」は혼코노とも言う。これは혼자 코인 노래방(一人コインカラオケ)の頭文字を取ったもの。

26. 「アンコール」は앵콜。

27. 「ボーカル」は보컬、「ドラム」は드럼、「ベース」は베이스。

29_ 大人が野外でピクニックなどをする行事のことは、야유회〈野遊会〉と言う。

31_ 등산は漢字で書くと〈登山〉だが、「山登り」のニュアンスで使われる。

33_ 혼자서 여행을 하다とも言う。

29_ 河原でバーベキューをする
강변에서 바베큐를 하다

30_ 海釣りに行く
바다낚시를 가다

31_ 山登りをする
등산을 하다

32_ 温泉に行く
온천에 가다

33_ 一人旅をする
혼자 여행을 가다

♪MP3 38

혼잣말 / つぶやき表現

好きなことをしているときのつぶやき

1

この映画、何度観ても泣ける。

이 영화 몇 번을 봐도 눈물이 나.

볼 때마다（見るたびに）を入れて、몇 번을 봐도 볼 때마다 눈물이 나.としても、韓国語らしい自然な表現。「泣ける」は눈물이 나（涙が出る）となる。例）난 그걸 보고 눈물이 날 뻔했어.（私、それを見て泣きそうだった）。比較的新しい言葉に、「うるうるする」「残念」という意味の안습という造語もある。

2

この俳優、いい味出してるよなぁ。

이 배우, 물이 올랐어.

「いい味を出している」は、場面によって訳語はかなり変わってくる。俳優を評して言う場合は、이 배우 연기 정말 잘해（この俳優、演技が本当にうまい）、이 배우 자기만의 색을 찾은 것 같아（この俳優、自分だけの色を見つけたみたい）といった表現も可能。

3

今日は混んでるから、違う映画を観ようよ。

오늘은 사람이 많으니까, 다른 영화를 보자.

「この映画、面白そう」であれば이 영화 재미있겠다.、「ホラー映画は嫌」は공포 영화는 싫어.。関連表現には次のようなものがある。개봉（封切り）、매진（売り切れ）、판매중（販売中）、상영（上映）。

4

あの映画、昨日までだった！ ショック！

그 영화 상영이 어제까지였네! 충격이다!

「ショック」を意味する충격を漢字で書くと〈衝撃〉。「ショックを受ける」は충격(을) 받다。쇼크다!も使われる。「え?もう終わったの?」は어? 벌써 끝난 거야?。「見たかったのに」は보고 싶었는데.となる。

5

予告編を観ていると、観たい映画がどんどん増えるんだよね。

예고편 보다 보면, 이것저것 다 보고 싶어져.

直訳は「予告編を観ていると、あれこれ全部観たくなる」。보다 보면の代わりに보고 있으면でもOK。「観たい映画がどんどん増えるんだよね」の部分は、보고 싶은 영화가 자꾸 늘어나としても同様の意味を表すことができるが、日本語の直訳調のような印象になる。

6

あの映画、ネットで評判いいよね。

그 영화, 인터넷에서 평판이 좋던데.

「口コミ」は입소문。입は「口」、소문は「噂」。「口コミが広がる」は입소문이 나다。演技や俳優の評価などには、깊이 있는 ~ (深みがある～)、개성 있는 ~ (個性がある～)、물이 오른 연기 (勢いがある、うまくなった演技)、농익은 연기 (円熟の演技) などがある。

7

ねぇ、あの美術館は今、ピカソ展をやってるよ。

저기, 저 미술관은 지금 피카소전을 하고 있어.

話を切り出すときの「ねぇ」「あのね」は있잖아。「あるじゃない」という意味だが、話し始めるときによく使わる。「オーディオガイド」は오디오 가이드。例）오디오 가이드 대여하고 싶은데요.（オーディオガイドを借りたいのですが）

タダ券が余ってるんだけど、一緒に行かない？

공짜표가 있는데, 같이 안 갈래?

「タダ券」は무료 티켓（無料チケット）とも言う。「一緒に行かない？」は같이 가지 않을래?としてもOK。「観覧時間」は관람 시간、「オンライン事前予約制」は온라인 사전 예약제、「観覧料」は관람료、「休館日」は휴관일。

9

あっ、この写真展、もう終わってるの!?

어, 이 사진전, 벌써 끝난 거야!?

「先に調べて来ればよかった」であれば、미리 알아보고 올 걸 그랬어.。「家を出る前に検索するべきだった」は、집 나오기 전에 검색해야 했었는데/됐었는데.。「仕方ない」は할 수 없다。例）에이, 할 수 없지, 뭐.（もう仕方ないね）

10

前売り券を買ったのに、行きそびれた。

미리 예매했는데, 어쩌다 보니 타이밍을 놓쳐 못 갔어.

어쩌다보니は「なんだかんだと」「いつの間にか」。「これといった理由はないのだけれど、何かやってたらいつの間にか」というニュアンス。타이밍을 놓치다は「タイミングを逃す」。同じような意味で、예매했는데 못 갔어.（前売り券を買ったのに行けなかった）としてもOK。

11

今日はなんだかジャズな気分だ。

오늘은 뭔가 좀 재즈를 듣고 싶은 기분이야.

直訳は「今日はなんだかちょっとジャズを聴きたい気分だな」。오늘은 뭔가 좀 재즈를 듣고 싶은데.（今日は何かちょっとジャズを聴きたいな）としても良い。音楽のジャンルには次のようなものがある。케이팝（K-POP）、락（ロック）、클래식（クラシック）、발라드（バラード）。

12

この曲を聴くと癒やされるなぁ。

이 곡을 들으면 힐링이 돼.

「癒やされるなぁ」の韓国語、힐링이 돼を直訳すると「ヒーリングになる」。文全体を、이 곡을 들으면 마음이 편해져.（この曲を聴くと気持ちが楽になる）としても同様の意味を表すことができる。「気持ちがあがる曲」は신나는 노래。「聴くだけで気分が良くなる歌」は、듣기만 해도 기분 좋아지는 노래。

♪MP3 38

13

ジャンルに関係なく色あせない音楽が好き。

장르에 상관없이 늘 새롭게 느껴지는 음악이 좋아.

「ジャンルに関係なく」は、장르에 관계없이としても良い。「色あせない音楽」の訳語としては、늘 새롭게 느껴지는 음악、늘 한결같은 음악、세월이 흘러도 변하지 않는 음악などがある。

14

最近、スタンディングライブに行くのがつらくなってきた。

요즘 스탠딩 라이브 공연 가는 게 힘들어졌어.

「スタンディングライブ」は스탠딩 라이브 공연（スタンディングライブ公演）だが、스탠딩 라이브、스탠딩 라이브 콘서트でもOK。

15

チケットがなかなか当たらなくて。

티켓 구하기가 정말 힘들어서.

直訳は「チケットを手にするのが本当に大変」。구하다は「求める」「手にする」。티켓の代わりに표でもOK。また、정말 표를 손에 넣기 힘들어.（本当にチケットを手に入れづらい）や표가 잘 당첨이 안 돼.（チケットがあまり当選しない）などのような表現も可能。

16

ツアーを追いかけて、広島まで遠征してくるよ。

투어를 뒤쫓아 히로시마까지 원정 갔다 올게.

「全国ツアーのコンサートが決まった」は전국투어 콘서트가 확정됐다。「ツアーコンサートが3月末、ソウルから始まる」なら、투어 콘서트가 3월 말 서울부터 열리다。「ツアーが始まる」のような「始まる」には、시작하다や열리다、펼쳐지다が使われる。

17

最近の歌知らないから、カラオケのレパートリーが懐メロばっかり。

요즘 노래를 잘 모르니까,
노래방에서 옛날 노래만 부르게 돼.

ここでは「懐メロ」を옛날 노래 (昔の歌) とした。また、「懐メロばっかり」の部分は、옛날에 부르던 노래만 부르게 돼 (昔、歌っていた歌ばかり歌うようになる) と言ってもよい。

18

この漫画の続きが早く読みたい。

이 만화 뒤가 어떻게 되는지 빨리 보고 싶어.

뒤は「後ろ」「後」。이 만화 다음 편이 빨리 보고 싶다. (この漫画の次回を早く読みたい) と言っても良い。다음 편は「次回」。「読む」は基本的には읽다だが、「雑誌を読む」や「漫画を読む」などの場合には보다が使われることもある。

♪MP3
38

19

ネットカフェでまったりしよう。

PC방에서 그냥 시간 때우자.

直訳は「ネットカフェでただ時間をつぶそう」。시간을 때우다は「時間をつぶす」。PC방の代わりに、인터넷카페でもOK。なお、日本のネットカフェでは、パソコンが使え、マンガを読んだりできる場合が多いのに対し、韓国のPC방はパソコンのみを使うことが目的になっている。

20

BLコミックも市民権を得てきたな〜。

BL 만화도 이제 시민권을 얻어 가고 있네~.

「市民権を得る」などの「得る」は얻다を使う。얻다は「得る」「もらう」。例）휴가를 얻다（休暇をもらう）。また、BL만화도 자리를 잡아가고 있네.とも言える。ちなみに、자리 잡다は「根付く」「落ち着く」。

21

読みかけの本が何冊もある。

읽다 만 책이 몇 권이나 있어.

-다(가) 말다は「(〜しかけて)途中でやめる」。중간에 읽다 만 책이 몇 권이나 돼.（途中で読んでやめた本が何冊にもなる）としても、同様の意味を表すことができる。읽다は보다にしてもOK。

22

おー、この本は読み応えありそう。

와, 이 책은 읽을 만하겠다.

-ㄹ/을 만하다は、「～するに値する」「～する価値がある」。例）그는 믿을 만한 사람이다.（彼は信じるに値する人だ）、맛이 어때? 먹을 만해?（味はどう？ おいしい？）、거기는 가 볼 만해?（そこは行くのに良さそう？）

23

イケメンは（美女は）目の保養になる。

잘 생긴 사람을（예쁜 여자를） 보면 눈이 행복해져.

「顔がかっこいい人（きれいな女）を見ると目が幸せになる」がフレーズの直訳。「目の保養」には、造語で안구정화〈眼球浄化〉もある。눈정화とも。これは心が安らぐような美しいものを見て目が癒やされること。「イケメン」は꽃미남という表現もある。

24

私の推しはやっぱ断然彼！

내 최애는 역시 단연코 그 사람!

「推し」は최애〈最愛〉で、最近市民権を得つつある言葉。최애캐となると、최고로 사랑하는 캐릭터（最高に愛しているキャラクター）の意味になる。なお、「推し」にあたる言葉としては、英語のone pickに由来する원픽もある。단연코は「断然」「断固として」。

♪MP3 38

25

そろそろ二次元の恋人は卒業したら？

이제 그만 2D 애인은 졸업하지 그래?

「卒業したら?」の部分は、졸업하면 어때?とも表現できるが、韓国語では졸업하지 그래?の方がよく使われる。「二次元の恋人」は2D 애인としたが、日常会話では만화 속 애인（漫画の中の恋人）などのように具体的に説明すると、より意味が伝わりやすい。

26

遠くへ行きたいけど、旅費がね。

어디 멀리 좀 가고 싶지만, 여행 경비가 문제네.

直訳は「どこか遠くにちょっと行きたいけど、旅行経費が問題だね」。경비の部分は、비용（費用）や돈（お金）と言ってもOK。

27

特割だと今、羽田から那覇までいくらぐらい？

특별 할인이면, 지금 하네다에서 나하까지 얼마 정도야?

「特割」は특별 할인（特別割引）または특별 할인 요금（特別割引料金）。「50%割引」なら50프로 할인。「割引になる／ならない」は할인이 되다／안 되다。例）이건 얼마나 할인이 돼요?（これは、どのくらい割引になりますか？）

28

旅行はいいけど、荷造りが面倒。

여행은 좋은데, 짐 싸는 게 귀찮아.

「荷造り」をそのまま直訳すると짐 싸기だが、フレーズのように짐 싸는 게 (荷物を詰めることが) と説明的に表現したほうが、韓国語らしい言い回しになる。「誰かがやってくれたらいいのに」は누가 해 줬으면 좋겠는데. となる。

29

日帰り温泉で骨休めしたい。

당일치기로 온천에서 푹 쉬고 싶어.

「日帰り」は당일치기。「骨休め」にあたる部分の푹 쉬고 싶어は、「ゆっくり休みたい」という意味。「露天風呂」は노천탕。「1泊2日」は1박 2일、「2泊3日」は2박 3일。

30

海外旅行、久しく行ってないなぁ。

해외여행, 안 간 지 정말 오래됐어.

直訳は「海外旅行、行かなくなってから本当にずいぶんになった」。안 간 지は、否定の안と가다 (行く) に、-ㄴ 지 (～してから) がついた形。例) 서로 안 지 얼마나 됐어요? (知り合ってからどのくらいですか?)

♪MP3 38

31

あー、どっか海辺のリゾートに行きたい。

아, 어디 해변가 리조트에 가고 싶어.

ここでの어디は疑問の「どこ」ではなく、「どこか」の意味。例）어디 가고 싶은 데 있어?（どこか行きたいところはある?）。해변가は「海辺」。「海水浴場」は해수욕장。「水泳」は수영。

32

あっ、年パス（年間パスポート）、更新しなくちゃ。

앗, 연간 회원권(연간 패스포트), 갱신해야겠다.

「年パス」は연간 회원권（年間会員券）または연간 이용권（年間利用券）のように表現すればOK。「有効期限が過ぎる」は유효 기간이 지나다。例）어? 이거 유효 기간이 지났네.（あれ?これもう有効期限過ぎてる）

33

お菓子作りして、周りの人に感想を聞くのが楽しい。

과자 만들어서 주변 사람들한테 평가를 듣는 게 즐거워.

ここでの「感想」は평가（評価）を使う。感想をそのまま韓国語にした감상も使うことができるが、フレーズのようなシチュエーションでは평가のほうがよく使われる。「感想を聞くのが楽しい」の部分は、맛이 어땠는지 의견 듣는 게 즐거워.（味がどうだったか意見を聞くのが楽しい）としても良い。

34

この写真、いい構図なのにピンボケが残念。

이 사진은 구도는 좋은데 핀트가 안 맞아서 아쉽네.

「ピンボケ」は초점이 안 맞다(焦点が合わない)とも言う。「写真がうまく撮れる」「写りがいい」は사진이 잘 나오다。잘は「よく」「うまく」、나오다は「出てくる」。사진이 잘 받다だと「写真写りがよい」「写真がよく映える」という意味になる。

35

画材を替えてから、メリハリのある絵になったみたい。

그림 도구를 바꾸고 나서, 생동감 있는 그림이 된 것 같아.

「メリハリのある絵」にあたる部分は생동감 있는 그림(躍動感ある絵)としたが、絵によっては밋밋하지 않은 그림(表現にふくらみのある絵)としてもいい場合もあるだろう。밋밋하다は「物足りない」「いまいちだ」「薄っぺらい」。

36

最近DSの電源入れる時間減ったな。
代わりにスマホゲームばっかりやっちゃう。

요즘 닌텐도 DS 잘 안 하게 되네.
대신 계속 스마트폰 게임만 하게 돼.

1文目の直訳は「最近ニンテンドーDS、あまりやらなくなっているな」。-게 되다は、「～するようになる」という意味。例)한국에 유학 가게 됐어요.(韓国に留学に行くことになりました)

♪MP3 38

37

ボルダリングの練習付き合ってよ。

실내암벽등반 연습, 나랑 좀 같이 해 줘.

「ボルダリング」は실내암벽등반〈室内岸壁登攀〉。外来語由来の볼더링(ボルダリング)や클라이밍 볼더링(クライミング・ボルダリング)という言葉もあるが、ボルダリングがどんなものかを知らない人にはかえって分かりづらい。また、나랑(私と)を入れたほうが、韓国語らしい言い回しになる。

38

今年はスイミングを趣味にしたいんだよね。実益も兼ねて。

올해는 수영을 취미로 할까 봐. 실익도 겸해서.

「実益を兼ねて」は실익도 챙길 겸(実益も備えついでに)とも表現できる。「実益」の部分を具体的に伝えたいのであれば、운동도 할 겸(運動もするついでに)や、운동도 될 것 같고(運動にもなりそうだし)のようにすればOK。「趣味と実益を兼ねて」は취미와 실익을 겸해서。

39

朝活でパークヨガ、めっちゃ気持ちよかった。

아침에 공원에서 요가를 했더니 너무 기분이 좋았어.

「朝活で」はつまり「朝に行う活動で」のこと。それを直訳した아침 활동으로としても意味は通じるが、より韓国語らしい表現にするなら、単に아침에(朝に)とするのが良い。「パークヨガ(をする)」の部分は、공원에서 요가를 하다としたが、これは「公園でヨガをする」という意味。「気持ちいい」は기분이 좋다(気分がいい)。

40

スタジアムでのサッカー観戦は観客の一体感がすごい。

경기장에서 직접 보는 축구는 관객과의 일체감이 대단해.

「スタジアム」は경기장（競技場）がよく使われる。また、경기장에서 직접 보면 선수하고 관객이 하나가 돼서 축구 보는 재미가 정말 대단해.（スタジアムで直に見ると、選手と観客が1つになって、サッカーの見ごたえがすごい）のような表現も、韓国語らしい。

41

趣味の1つも持たないとやってられない。

취미 하나 정도는 가져야지. 어떻게든 버티지.

취미 하나 정도는は「趣味の1つくらいは」。어떻게든 버티지は、「どうにかこらえる」。버티지は견디지としてもOK。견디다は「持ちこたえる」「我慢する」。こらえ続けてきたが、「このままじゃダメだ!」と言いたい場合は이대로는 안 돼!となる。

42

この計画性と積極性を仕事に生かしていれば、とっくに出世してたなぁ。

이런 계획성과 적극성을 일에 살렸으면 진작에 출세했을 텐데.

진작は「とっくに」「もっと早く」。출세했을 텐데は、출세하다（出世する）に過去形の았/었、-ㄹ/을 텐데（～なのに、～だろうに）がついた形。例）너도 같이 가면 좋았을 텐데.（あなたも一緒に行けばよかったのに）。

♪MP3 39

대화 ／ やりとり

学んだ表現で(　)を埋めて、1ターンの会話を完成させよう

1／

映画、昨日で終わっちゃったんだって。
영화, 어제로 끝났대.

残念！ 違う映画を観ようよ。
(　　　　)! 그럼, 다른 영화를 (　　　　).

2／

ピカソ展に一緒に行きませんか?
(　　　　)에 같이 안 (　　　　)?

いいですね！ ちょうど招待券が2枚あるんです。
네, 좋아요! 마침 초대권이 2장 있거든요.

정답

1 (아쉽다) (보자)　영화の部分は、영화 상영（映画の上映）と言っても良い。日常会話ではもっとシンプルに、영화 어제까지였대.（映画、昨日までだったって）もよく使われる表現。

2 (피카소전) (갈래요)　마침は「ちょうど」「折よく」。초대권は「招待券」。枚数を数える「〜枚」は장。この時は固有数詞を使う。例）한 장（1枚）

3/

彼のライブ行ったことある？

그 사람 라이브 가 본 적 있어?

ないなぁ。チケットがなかなか当たらなくて。

없어. 티켓 (　　　　)가 정말 힘들어서.

4/

私の推しはやっぱ断然彼！

내 (　　　　)는 역시 (　　　　) 그 사람!

そろそろ二次元の恋人は卒業したら？

이제 그만 2D 애인은 졸업하지 그래?

5/

海外旅行、久しく行ってないなぁ。

해외여행, 안 간 지 정말 (　　　　).

私も。旅行はいいんだけど、荷造りが面倒なんだよね。

나도. 여행은 좋은데, (　　　　) (　　　　) 게 귀찮아.

3 (구하기)　-ㄴ 적이 있다/없다は「〜したことがある／ない」。例) 이거 먹어 본 적이 있어요? (これ、食べてみたことがありますか)、아직 들어 본 적이 없어요 (まだ聞いてみたことがありません)

4 (최애) (단연코)　단연코 (断然) は당연히 (当然) としてもOK。

5 (오래됐어) (짐) (싸는)　귀찮다は「面倒だ」「わずらわしい」。例) 귀찮아 죽겠어 (面倒くさくて死にそう)

상황극 / 同僚と趣味について話す一場面

仕事よりアツくなれるもの

남성 : 이번 연휴❶는 뭐 해?

여성 : 2박 3일로 대만에 혼자 여행 가려고. 낯선❷ 거리❸를 산책도 하고, 맛집도 찾아다닐 거야! 시원 씨는?

남자 : 나는 그냥 집에서 느긋하게❹ 쉴 생각이야. 스카이프로 스페인어 레슨을 받거나, DIY로 선반을 만들거나 하면서 지내려고. 집에서 하고 싶었던 것들이 쌓여 있어.

여자 : 그것도 좋겠네.

남자 : 나도 조만간에❺ 어디 멀리 좀 가고 싶지만, 여행 경비가… 마지막으로 해외에 간 게 언제였는지 기억도 안 나.

여자 : 나는 여행경비 때문에 생활비를 절약하고 있어. 그리고 한가할 때는 가 보고 싶은 곳을 상상하면서❻, 항공권 가격까지 체크하고 있어.

남자 : 야, 정말 여행을 좋아하는구나.

여자 : 이런 계획성과 적극성을 일에 살렸으면 진작에 출세했을지도 모르지.(웃음)

남자 : 취미라서 더욱❼ 열정적인 거야. 그래도 취미가 한 두 개는 있어야지. 그래야 버티지.

여자 : 맞아. 인생에는 기분전환❽이 필요해.

男性：今度の連休は何すんの？

女性：2泊3日で台湾に一人旅に行ってくる。
知らない街を散歩して、おいしいもの食べ歩きしてくる！　シウォンさんは？

男性：僕は家でのんびりするつもり。スカイプのスペイン語レッスンを受けたり、
DIYで棚を作ったり。家でやりたかったことがたまってるんだ。

女性：それもいいね。

男性：僕もそのうち遠くに行きたいけど旅費が…。
最後に海外に行ったのはいつだったか思い出せない。

女性：私は旅費のために生活費を節約してるよ。そして暇なときには、
行ってみたい場所を妄想しながら、航空券の値段までチェックしてる。

男性：わあ、本当に旅行好きなんだね。

女性：この計画性と積極性を仕事に活かしていればもっと出世してたかもね（笑）。

男性：趣味だからこその情熱だよ。趣味の1つや2つないとやってられない。

女性：確かに。人生には気分転換が必要。

語注

❶연휴：連休
❷낯설다：なじみが薄い、見慣れない
❸거리：街、通り
❹느긋하다：のんびりしている
❺조만간에：そのうちに、近いうちに
❻상상하다：想像する
❼더욱：もっと、ますます
❽기분전환：気分転換

복습 ／ 제8장に出てきたフレーズの復習

以下の日本語の意味になるよう韓国語文を完成させます。答えはページの下にあります。

❶ バッティングセンターでストレスを解消する ➡P242
(　　　　)(　　　　)에서 스트레스를 (　　　　)

❷ 趣味の集まりに参加する ➡P244
취미 (　　　　)에 (　　　　)

❸ フリーマーケットに店を出す ➡P245
(　　　　)에 (　　　　)

❹ ホームセンターで園芸用品を買う ➡P246
홈 센터에서 (　　　　)(　　　　)을 사다

❺ 予告編を観ていると、観たい映画がどんどん増えるんだよね。 ➡P249
예고편 (　　　　) 보면, (　　　　) 다 보고 싶어져.

❻ 前売り券を買ったのに、行きそびれた。 ➡P251
미리 (　　　　), 어쩌다 보니 타이밍을 (　　　　) 못 갔어.

❼ 最近の歌知らないから、カラオケのレパートリーが懐メロばっかり。 ➡P253
요즘 노래를 잘 모르니까, 노래방에서 (　　　　) 노래만 부르게 돼.

❽ おー、この本は読み応えありそう。 ➡P255
와, 이 책은 (　　　　)(　　　　)!

❾ 今年はスイミングを趣味にしたいんだよね。実益も兼ねて。 ➡P260
올해는 수영을 취미로 할까봐. 실익도 (　　　　).

❿ スタジアムでのサッカー観戦は観客の一体感がすごい。 ➡P261
(　　　　)에서 직접 보는 축구는 관객과의 일체감이 (　　　　).

정답

❶ 야구/연습장/해소하다
❷ 모임/참석하다
❸ 벼룩시장/출품하다
❹ 원예/용품
❺ 보다/이것저것
❻ 예매했는데/놓쳐
❼ 옛날
❽ 읽을/만하겠다
❾ 겸해서
❿ 경기장/대단해

MP3 68

まだまだある、言いたいこと

緊急時のつぶやき

いつか、私の一言が誰かを救うかも!?

〈地震が起きて〉
慌てないで! 落ち着いて。

〈지진이 일어났을 때〉

당황하지 마! 진정해.

당황하다は「慌てる」「当惑する」。진정해の진정を漢字で書くと〈鎮静〉。

屋内に入って!

실내로 들어가!

「防災訓練」は방화훈련〈防火訓練〉。火事の避難訓練は화재 대피 훈련〈火災待避訓練〉。非常時に備えた軍事避難訓練は민방위 훈련〈民防衛訓練〉という。

地下に避難しよう!

지하로 대피하자!

「避難する」は대피하다(待避する)。「地震が起こる」は지진이 나다、または지진이 일어나다。

頭を低くして!

머리를 숙여!

머리를 숙이다は「頭を下げる」。「外に出て!」は밖에 나가!、「外に出ないで!」は밖에 나가지 마!となる。

ハンカチを口に当てて
煙を吸わないように!

손수건을 입에 대고 연기를 들이 마시지 않도록 해!

연기は「煙」。들이마시다は「吸い込む」「飲み込む」。-도록は「〜(する)ように」。例)더 잘할 수 있도록(もっとうまくできるように)

♪MP3 59

まだまだある、言いたいこと

防災のつぶやき

家庭での意識も高まる災害対策に関するつぶやき

防災グッズ、
買った方がいいかな。

방재용품을 사는 게 좋을까?

「防災ポーチ」は방재파우치。「災害時携帯用品」は재해시 휴대 용품。「多機能懐中電灯」は다기능 손전등。

3日分の食料は常に確保。

3일치분의 식량은 항상 확보.

확보の部分は、확보하기という表現もよく使われる。「長期保存水」は장기보존 물。「非常食」は비상식。「4～5日分」は4(사)~5(오) 일치。「救急セット」は구급세트。

災害ダイヤル、確認しとこ。

재난재해 비상연락처를 확인해 두자.

「災害伝言板」は재해 전언판。「災害伝言ダイヤル」は재해 전언다이얼。「防災・ライフライン関連の連絡先」は、방재·라이프라인 관련 연락처。

地震とか起きたら駅前の小学校に
逃げたらいいんだっけ?

지진이 일어나면 역앞 초등학교로 피하면 됐었나?

「避難所」は대피소〈待避所〉。「避難所の位置を確認する」は대피소 위치를 확인하다。

本棚やタンスは転倒防止の
ストッパーで天井に固定しなきゃ。

책장이나 옷장은 넘어짐 방지 스토퍼로 천장에 고정해야 돼.

고정하다は「固定する」。壁に固定する用具である「壁固定装置」は벽고정장치。家具などが「倒れる」ことには넘어지다を使う。

インフラが止まると
カセットコンロが役立つ。

인프라가 붕괴되면, 휴대용 가스 레인지가 도움이 돼.

「インフラ」は기반시설〈基盤施設〉とも。具体的に言う場合は、가스가 안 나오면(ガスが止まると)、전기 공급이 중단되면(電気の供給が中断したら)などの表現がある。

제 9 장

외식・쇼핑 ／ 外食・買い物

メニューを延々悩んだり、
横柄な態度の店員に心の中でケチをつけたり――
さまざまなシチュエーションが考えられる
外食・買い物のシーンは、つぶやき表現の宝庫です。

♪MP3 41

단어편 / 単語編

この後のフレーズに出てくる単語を予習しよう！

① 소파석
② 창가쪽 자리
③ 버스데이 플레이트
④ 단골 손님
⑤ 쿠폰
⑥ 메뉴
⑦ 점원
⑧ 앞접시
⑨ 손님
⑩ 쇼핑몰
⑪ 전자제품 판매점
⑫ 일시불(할부/리볼빙)
⑬ 정기 휴일
⑭ 줄
⑮ (밤에 열리는) 여자들 모임
⑯ 기본 안주
⑰ 코스 요리

⑱ 음식 무한리필
⑲ 세일
⑳ 전시상품 한정판매
㉑ 판매원

♪MP3 42

활동／体の動き

外食や買い物に出掛けたときの動作を韓国語で言ってみよう!

1_ おめかしして高級レストランに行く
잘 차려입고 고급 레스토랑에 가다

2_ お店で友達と待ち合わせをする
가게에서 친구하고 만나기로 하다

3_ 個室をリクエストする
개별실로 부탁하다

4_ バースデープレートを作ってもらう
버스데이 플레이트를 부탁하다

5_ 子連れでも入りやすい店を探す
아이들 데리고 가기 편한 가게를 찾다

도우미

1_「おめかしする」は차려입다。これは차리다（着飾る、装う、支度する）と입다（着る）からなる表現。

2_「待ち合わせをする」は만나기로 하다（会うことにする）。「待ち合わせ場所」であれば、약속 장소（約束の場所）となる。

3_「個室」は개별실〈個別室〉のほかに、룸（ルーム）や방（部屋）のように表現できる。

5_ 아이들하고 가기 편한 가게를 찾다（子どもたちと行きやすい店を探す）という表現でもOK。

6_ 긴 줄에 서다/늘어서다とも言える。

7_ 「一杯どうですか?」は한잔 어때요?となる。

8_ 단골손님は「常連客」のこと。단골집は「行きつけの店」。

9_ 「人数」は인원수〈人員数〉。

6_ 長蛇の列に並ぶ
긴 줄을 늘어서다

7_ 一杯ひっかける
한잔하다

8_ カウンターで常連とおしゃべりする
카운터에서 단골손님과 수다를 떨다

9_ ウエイターに人数を告げる
웨이터에게 인원수를 알려 주다

10_ 席を替えてもらう
자리를 바꿔 달라고 하다

♪MP3 42

11_ クーポンをダウンロードして店員に見せる
쿠폰을 다운로드해서 점원에게 보이다

12_ メニューを持って来てもらう
메뉴를 가져다 달라고 하다

13_ 飲み物（前菜／デザート）を選ぶ（頼む）
음료(전채 요리/디저트)를 고르다(부탁하다)

14_ おすすめのワインを尋ねる
추천 와인을 물어보다

15_ ボトルで頼む
병으로 주문하다

도우미

12_「ちょっとメニューを見せてください」は메뉴판 좀 보여 주세요。

13_「注文する」は주문하다または시키다。

14_「何がいいでしょうか？」は뭐가 좋을까요?

16_ 「ウイスキーをロックでください」は위스키 록으로 주세요.。

17_ 「アレルギー」は알러지とも言う。

18_ 나무젓가락을 뜯다と言ってもOK。「割りばし」は나무젓가락(木の箸)。

19_ クレームがあって店員を呼び止める場合は점원을 불러 세우다。店員を呼ぶ際の「すみません」は、여기요や저기요を使うと良い。

20_ 「もっと頼む」は더 시키다。

21_ 앞접시は「取り皿」。

16_ ウイスキーをロックで注文する

위스키를 록으로 주문하다

17_ アレルギーを起こすものが入っていないか確認する

알레르기를 일으키는 성분이 들어 있지 않은지 확인하다

18_ 割りばしを割る

나무젓가락을 쪼개다

19_ 店員を呼ぶ

점원을 부르다

20_ 追加注文する

추가 주문을 하다

21_ 取り皿を頼む

앞접시를 부탁하다

♪MP3 42

22_ 嫌いなものをより分ける

싫어하는 것을 골라내다

23_ ほかの客が写らないようにすれば写真を撮ってもいいか聞く

다른 손님이 나오지 않게 하면 사진을 찍어도 되는지 물어보다

24_ おごる

한턱 내다

25_ 割り勘にする

더치페이로 하다

26_ テイクアウトする

테이크아웃하다

27_ お勘定する

계산하다

도우미

22_ 골라내다は「取り出す」「取り除く」「選び出す」。

23_「写真を撮ってもらえませんか?」は사진 좀 찍어 주시겠어요?。

24_「おごる」「ごちそうする」には、사 주다や쏘다という表現もある。

25_ 더치페이は「ダッチペイ(Dutch pay)」で「オランダ式の支払い」という意味。お金にシビアなオランダ人が割り勘を好むところから来ている。「割り勘にする」については、각자 부담하다(各自負担する)、따로따로 내다(別々に出す)、자기 거 자기가 내다(自分のは自分で払う)のような表現もよく使われる。

26_ 포장하다と表現しても。一般的には、コーヒーなどは테이크아웃하다、김밥(海苔巻き)など食べ物の場合は포장하다が使われる傾向がある。

27_ 계산하다は「計算する」という意味。지불하다(支払う)という表現も可能。

28_ 동전을 찾다としてもOK。동전は「コイン」のこと。잔돈は「小銭」「おつり」。

29_ 韓国語文の直訳は「友達にまず代わりに出してくれるよう言う」。

28_ 細かいお金を探す
잔돈을 찾다

29_ 友達に立て替えてもらう
친구한테 우선 대신 내 달라고 하다

30_ 新しい店のレビューを書く
새로 생긴 가게 리뷰를 쓰다

31_ 代表でカードで払ってポイントを稼ぐ
대표로 카드로 계산해 포인트를 얻다

♪MP3 42

32_ 一服してくる
담배를 한 대 피우고 오다

33_ 飲み屋をはしごする
술집을 여기저기 옮겨 다니며 마시다

34_ 隠れ家風のカフェでまったりする
숨겨진 멋진 카페에서 느긋하게 시간을 보내다

35_ ショッピングモールに買い物に行く
쇼핑몰에 쇼핑하러 가다

도우미

32_ 「外の空気吸ってくる」のであれば、바람 좀 쐬고 올게요 (ちょっと風に当たってきます)という表現がある。

33_ 韓国語文の直訳は「飲み屋をあちこち移りながら飲む」。술집을 연이어/연달아 몇 군데 들르다 (飲み屋を立て続けに何軒か回る)とも言える。

34_ カジュアルな表現として、카페에서 멍때리다 (カフェでぼーっとする)も。

36_ 역빌딩(駅ビル)の部分を역빌딩 가게(駅のビルの店)としても。

40_「お気に入りの雑貨屋」は、자주 가는 잡화점(よく行く雑貨屋)や、단골 잡화점(常連の雑貨屋)としてもOK。

41_ 100엔샵에서 산 걸로 대충 쓰다(100円ショップで買ったもので適当に使う)としても良い。

42_「家電量販店」は가전제품 양판점〈家電製品量販店〉、전기제품 판매점〈電器製品販売店〉、전자제품 판매 대형마트(電子製品販売大型マート)とも言う。

36_ 新しい駅ビルをチェックする

새로 생긴 역빌딩을 둘러보다

37_ 好きなブランドの路面店に行く

좋아하는 브랜드의 노면점에 가다

38_ セールの日をチェックする

세일 날짜를 체크하다

39_ セレクトショップで店員さんと仲良くなる

셀렉트 숍 점원과 친해지다

40_ お気に入りの雑貨屋に行く

좋아하는 잡화점에 가다

41_ 100均で間に合わせる

100엔샵 물건으로 적당히 쓰다

42_ 家電量販店で最新モデルを見比べる

전자제품 판매점에서 최신 모델을 비교해 보다

♪MP3 42

43_ 衝動買いをする
충동구매하다

44_ 買いそびれて後悔する
못 산 걸 후회하다

45_ シャツを試着する
셔츠를 입어 보다

46_ 家で洗濯できるか聞く
집에서 세탁할 수 있는지 물어보다

47_ 商品を取り置きしてもらう
상품을 따로 빼 놔 달라고 하다

48_ 一括払いで(分割払いで／リボ払いで)支払う
일시불로(할부로/리볼빙으로) 지불하다

49_ 引き落としになる分を口座に入れておく
인출될 돈을 계좌에 넣어 두다

도우미

43_ 韓国語では、衝動買いの言い訳にたびたび지름신(衝動買いの神)が登場する。지름신이 내리다(衝動買いの神が降りる)や지름신이 왔다(衝動買いの神が来た)のような形で使われる。

44_ 韓国語フレーズの直訳は「買えなかったことを後悔する」。「買いそびれる」にぴったり当てはまる韓国語表現がないため、このように説明的に表現する。

45_ 「試着室」は탈의실〈脱衣室〉または피팅실(フィッティング室)。

47_ 韓国語フレーズの直訳は「商品を別に抜いておいてくれるよう言う」。상품을 사전예약해 두다(商品を事前予約しておく)とも。

48_ 「リボ払い」は일부결제금액〈一部決裁金額〉とも。

49_ 통장에서 빠져 나갈 돈을 통장에 넣어 두다(通帳から出ていく金を通帳に入れておく)としてもOK。

51_「古着屋」は헌 옷 가게や빈티지 샵/가게とも。

52_ 韓国語フレーズの直訳は「大量購入する」。한꺼번에 많이 사다(いっぺんにたくさん買う)や、한번에 엄청 많이 사다(一度にとてもたくさん買う)としてもOK。

50_ 商品を返品する
상품을 반품하다

51_ 古着屋で買う
빈티지 옷 가게에서 사다

52_ 大人買いする
대량 구매하다

53_ 配送してもらう
배송받다

♪MP3 43

혼잣말 ／ つぶやき表現

外で食事・買い物をするときのつぶやき

1

初めて行く店はグルメサイトの評価をめっちゃチェックする。

처음 가는 가게는 맛집 사이트 평가를 꼼꼼히 확인해.

꼼꼼히は「抜け目なく」「几帳面に」。関連表現の꼼꼼하다は「まめだ」「几帳面だ」という意味。例）꼼꼼한 사람（几帳面な人）。「チェックする」は확인하다（確認する）。「店」にあたる単語には、집と가게があるが、販売店には가게、飲食店には집のように使い分けることが多い。「グルメ検索」は맛집 검색。

2

接待に使える、いいお店知らない？

혹시 손님 대접하기 좋은 가게 알고 있어?

혹시は「もしかして」「ひょっとして」。韓国語では「今、時間ある？」と聞く際に、혹시 지금 시간 있어?のように혹시を入れたほうが自然な表現になる。「接待する」は대접하다。「知らない？」と言う場合には、알아?や알고 있어?（知ってる？）のように言うことが多い。

3

行きつけの店が、予約の取れない店に！

단골 가게가 인기가 너무 많아져서 예약하기 힘들어졌어!

단골 가게の代わりに、자주 가던 가게（よく行っていた店）としてもOK。「予約が取れない」は예약하기 힘들다（予約しづらい）。「予約がいっぱいだ」は예약이 꽉 차다となる。例）오늘 저녁은 예약이 꽉 찼습니다.（今日の夕方は、予約がいっぱいです）

4

回らないおすし屋さんに行きたいなぁ。

돌지 않는 초밥집에 가고 싶어.

「すし屋」は초밥집で、스시집とも言う。「回転すし」は회전초밥や회전스시と表現する。회전초밥집 말고 그냥 초밥집 가고 싶어.（回転すし屋じゃなくて、普通のおすし屋さんに行きたいな）も自然な韓国語らしい表現。ちなみに「刺身」は회。韓国では刺身は白身魚が好まれる傾向にあり、主に専門店の횟집（刺身屋）で食べられる。

5

焼き肉は服ににおいがついちゃうんだよねぇ。

고깃집에서 먹으면 옷에 냄새가 배어서 말야.

韓国語文の直訳は「焼き肉屋で食べると、服ににおいがつくんだよね」。「焼き肉店」は고깃집。「匂い」は냄새、「香り」は향기という。「においがつく」は냄새가 배다。「いいにおいがする」は냄새가 좋다、または좋은 냄새가 나다。고깃집은 옷에 냄새가 배어서 말야.と言ってもOK。

6

私はB級グルメ専門だから。

나는 B급 맛집 전문이니까.

「B級グルメ」は韓国語にそのままぴったりの訳語がないため、B급 맛집（B級のおいしい店）やB급 음식（B級料理）、「屋台メニュー」が思い浮かぶ길거리 음식、あるいは저렴하고 서민적이지만 맛있는 음식（低価格で庶民的だがおいしい食べ物）のように表現する。「安くておいしいんだから！」は싸고 맛있다니까！となる。

7

定休日調べて来るんだった!

정기 휴일 미리 확인하고 왔어야 했는데!

韓国語文の直訳は「定休日、あらかじめ確認して来るべきだったのに!」。정기 휴일을 미리 좀 알아볼 걸!としても良い。「定休日」は정기 휴일〈定期休日〉。「調べる」意味を表す韓国語には조사하다(調査する)もあるが、このシチュエーションのような場合には、확인하다(確認する)や알아보다(調べる)とするのが自然な表現になる。

お店混んでるよ。40分待ちだって。

가게가 엄청 붐벼. 40분이나 기다려야 된대.

붐비다は「混雑する」「混む」。「かなり待ちますか?」は많이 기다려야 되나요?、「どうする? ほかのところにしようか?」は어떡할까? 다른 데로 갈까?、「待ってみようか?」は기다려 볼까?、「事前に予約しとくべきだったね」は、미리 예약할 걸 그랬네となる。

9

うわぁ! すごい行列だなぁ。まだ開店して10分だよ。

우와! 줄이 엄청 기네. 아직 문 연 지 10분밖에 안 됐는데.

「開店する」は문을 열다。문을 열다は直訳すると「ドアを開ける」だが、これで「開店する」「オープンする」という意味になる。反対に「閉店する」「クローズする」は문을 닫다(ドアを閉める)。フレーズの문 연 지の部分は、가게 시작한 지(お店が始まってから)と言ってもよい。

10

ここへ来たら、ラ・メサとエル・プエンテは外せないよね。

여기에 왔으면, '라 메사'하고 '엘 푸엔테'는 빼놓을 수 없지.

빼놓을 수 없다は「欠かせない」の意味。「外せない」の部分は、-아/어야지（～しなくては、～しなきゃ）を使って、꼭 가야지（絶対行かなきゃ）のようにも言うことができる。

11

この店、女子会に使えそう。

이 가게, 여자들 모임할 때 좋을 것 같아.

韓国語文の直訳は「このお店、女子たちの集まりをするときに良さそう」。韓国語には「女子会」にぴったり当てはまる単語がないので、説明的に表現することになる。여자들 모임（女子たちの集まり）のほかに、여자들만의 모임（女子たちだけの集まり）여자들끼리 모임（女子たち同士の集まり）としてもOK。모임は「集まり」。

12

この中華料理店、まるで現地にいるみたいで好き。

이 중국집, 마치 중국 현지에 있는 것 같아서 좋아.

「中華料理店」は중국집。마치は「まるで」「あたかも」という意味で、같다（～のようだ）や처럼（～みたいに）とともに使われる。例）그 사람은 영어를 정말 네이티브처럼/원어민처럼 말해요.（彼は、英語をまるでネイティブのように話します）

♪MP3 43

13

禁煙席なのに、たばこの煙が流れてくる。

금연석인데, 담배 연기가 이쪽으로 넘어 와.

「禁煙席」は금연석、「喫煙席」は흡연석。「スモーキングエリア」は흡연구역(喫煙区域)、「喫煙室」は흡연실。「電子タバコ」は전자담배。「たばこをやめる」は담배를 끊다、「たばこを吸う」は담배를 피우다。

14

じゃあ、とりあえずビールから始めようか。

그럼, 일단 맥주부터 시킬까?

일단 맥주부터 시킬까?を直訳すると、「一旦ビールから頼もうか」。ここは일단 맥주로 시작해 볼까?(一旦ビールで始めてみようか)とも言える。「冷たいビール」や「冷えたビール」は、시원한 맥주や찬 맥주のように表現する。「お酒を飲む」は술을 마시다だが、먹다も使われる。

15

ちょっとメニューを見てから決めよう。

일단 메뉴 좀 보고 나서 정하자.

보고 나서(見てから)は、보다(見る)に-고 나서(〜してから)が付いた形。例)예약하고 나서 결제방법을 변경할 수 있나요?(予約してから、決済の方法を変更できますか)、설정을 변경하고 나서 인쇄를 클릭합니다.(設定を変更してから印刷をクリックします)。「友達が来たら一緒に注文します」なら、친구 오면 같이 주문할게요.。

16

このお通しおいしい。

이 기본 안주 맛있다.

韓国では「お通し」の習慣がないため、韓国語に対応する単語もない。ここでは기본 안주（基本のおつまみ）としている。もし韓国語で「お通し」を説明するとしたら、자릿값 대신에 제공하는 유료 기본 안주（席代のかわりに提供する有料の基本のおつまみ）のようになる。「おかず」は반찬、「おつまみ」は안주。

17

アレ、ください。隣の席の人が食べてるやつ。

저거 주세요. 옆자리 사람이 먹는 거요.

「アレ、ください」の部分は、저걸로 주세요.もよく使われる表現。また、全体を一文にして옆사람이 먹는 거하고 같은 걸로 주세요.（隣の人が食べているのと同じものをください）と言っても良いし、指し示しながら저거하고 같은 거 주세요.（あれと同じのください）と言っても良い。「おいしそうだなあ」は맛있겠다.、「おいしそうに見える」は맛있어 보여.となる。

18

ニンニク抜いてもらおう。

마늘 빼 달라고 하자.

빼다は「抜く」「除く」という意味。마늘は「ニンニク」、고추は「唐辛子」。「ニンニクは抜いてください」は마늘은 빼 주세요.、「ニンニクは抜いてもらえますか?」は마늘은 뺄 수 있나요?となる。辛いものが苦手であれば、안 맵게 해 주세요.（辛くしないでください）や、덜 맵게 해 주세요.（あまり辛くしないでください）と伝えてみよう。

19

これってコースでしか食べられないの?

이거 코스 요리만 돼?

直訳は「これ、コース料理だけできるの?」。「コース」は코스 요리(コース料理)、「アラカルト」は단품 메뉴(単品メニュー)、일품 요리(一品料理)。「もう少し後で注文します」は좀 이따가 시킬게요.となる。

20

出てくるのが遅いなぁ。注文、通ってないかもね。

늦게 나오네. 주문이 안 들어갔을지도 몰라.

「注文、通ってないかもね」は、주문이 안 됐을지도 몰라.という表現も可能。-ㄹ/을지도 모르다は「～かもしれない」。例)한국에서 대학 다닐지도 몰라요.(韓国で大学に通うかもしれません)。「まだ出てこないの?」は아직 안 나와?となる。

21

調子に乗って頼み過ぎた。

시키다 보니 너무 많이 시켰다.

直訳は「注文していたら頼み過ぎた」で、日本語文にある「調子に乗って」のニュアンスも十分含まれている。「お腹がはちきれそう」は배가 터질 거 같아.、「これ全部食べれるかな」は이거 다 먹을 수 있을까?、「もう これ以上食べられない」は더 이상 못 먹겠어.。

22

バイキング形式だからって、欲張り過ぎちゃだめだよ。

뷔페라고 너무 욕심 부리면 안 돼.

뷔페は「バイキング」「ビュッフェ」。「欲張る」「欲を張る」は욕심을 부리다、욕심을 내다。-(으)면 안 되다は「〜してはだめだ、〜してはいけない」。例) 여기서는 담배를 피우면 안 됩니다. (ここではタバコを吸ってはいけません)

23

テーブルマナーとか、よく分からないの。

테이블 매너 같은 거 잘 모르겠어.

테이블 매너 이런 거 잘 모르겠어. としても同様の意味を表すことができる。また、테이블 매너の代わりに、식사예절〈食事礼節〉や식사매너(食事マナー)もよく使われる。「行儀が悪い」「無作法だ」は버릇이 없다。「洗練されたマナー」は세련된 매너。

24

しまった！ こぼしちゃった！

아차! 쏟아 버렸네!

「しまった！」は아차!、어떡하지!、아, 어쩌지! などの表現も可能。「こぼす」は、쏟다、엎지르다、흘리다などのように訳せる。例) 엎지른 물(覆水盆に返らず)。「大丈夫？濡れなかった？」は괜찮아? 안 젖었어? となる。

25

君って食わず嫌いが多いねぇ。おいしいのに。

너는 먹어 보지도 않고 안 먹는 게 많네. 맛있는데.

「食わず嫌い」に該当する名詞が韓国語にはないため、ここでは먹어 보지도 않고 안 먹다（食べてみもしないで食べない）としている。입이 짧다はそのまま訳すと「口が短い」だが、この形で「食べ物の好き嫌いが激しい」「少食だ」という意味を持つ。例）우리 아이는 입이 짧아서 걱정이에요.（うちの子は食が細くて心配です）

26

ごはんが欲しくなる味だね。

이거, 밥도둑이네.

밥도둑は「ごはん泥棒」。文全体を、밥이 자꾸 먹고 싶은 맛이네.（ごはんがしきりに欲しくなる味だね）、이거 먹으니 밥이 계속 당기네.（これを食べると、ずっとごはんを食べたくなるね）、이거 먹으면 밥이 쑥쑥 들어가.（これを食べるとごはんがどんどん入る）としても、同様の意味を伝えられる。

27

味がぼやけてるなぁ。もっとパンチが欲しいよ。

맛이 너무 밋밋하네. 뭔가 좀 더 양념을 넣든지 소스를 넣든지 해야 할 것 같아.

韓国語文の直訳は「味がすごく平凡だな。何かもう少し調味料を入れるとか、ソースを入れるとかしなきゃいけなさそう」で、元の日本語よりも具体的に表現している。「もっとパンチが欲しいよ」は뭔가 좀 더 임팩트가 필요해.（何かもうちょっとインパクトが必要）としてもOK。밋밋하다は「これと言って特徴がなく平凡だ」という意味。

28

値段の割においしいしボリュームがあって、大満足。

가격에 비해 맛도 좋고, 양도 많아서 완전 좋아.

「大満足」は완전 만족이야、완전 좋아、대만족이야のような表現にすることも可能。완전は漢字で書くと〈完全〉だが、会話などで「完全に」「超」「めっちゃ」という意味で使われる。例) 완전 예쁘다.(めっちゃきれい)、몸매가 완전 좋아.(スタイルがめっちゃいい)

29

この店、店員の態度は悪いけど味は確かだね。

이 집 점원들은 불친절한데, 맛은 확실하네.

「態度が悪い」は韓国語では태도가 영 아니다、태도가 글렀다、태도가 틀렸다、태도가 틀려 먹었다のような表現もよく使われる。ここでは불친절하다(不親切だ)を使い、「この店の店員たちは不親切だけど、味は確かなんだよな」としている。

30

テレビで紹介されてたから来てみたけど、大したことないな。

TV에서 소개하길래 와 봤는데, 별 거 없네.

「テレビで紹介されてたから」の部分は、そのままTV에서 소개되길래としてもよいが、TV에서 소개하길래(テレビで紹介するから)のほうがよく使われる。また、TV에 나와서 와 봤는데(テレビに出てたから来てみたけど)としてもOK。

31

1皿の量が多過ぎて、食べ切れないよ。

한 그릇 양이 너무 많아서 다 못 먹겠어.

「1皿」は한 그릇。그릇は「器」だが、ごはんなどを数えるときにも使うことができる。この場合は固有数詞を使う。例）밥 한 그릇（ごはん1杯、1膳）。「食べ切れないよ」は다 먹을 수가 없어.（全部食べることができない）のような表現も可能。

32

デザートは別腹だよね。

디저트 먹는 배는 따로 있지.

「デザートは別腹」は、밥 배 따로 디저트 배 따로（ごはんのお腹は別で、デザートのお腹も別で）ともよく言われる。例）원래 밥 먹는 배 따로, 커피 디저트 먹는 배 따로 아닌가요?（もともと、ごはんを食べるお腹は別で、コーヒーやデザートを食べるお腹は別じゃないですか）

33

今日は酔いが早く回るなぁ。

오늘은 술기운이 빨리 올라오네.

술기운이 올라오다または술기운이 돌다で「酒（酔い）が回る」。올라오다は「上がる」、돌다は「回る」。フレーズ全体を오늘은 술기운이 빨리 도네.としてもOK。「酔う」は취하다。「一人酒」は혼술で、혼자 술을 먹다の略語。ちなみに「一人飯」は혼밥で、혼자 밥을 먹다の略語。

34

全員そろったから、もう1回乾杯しよう!

다 모였으니 다시 한 번 건배하자!

乾杯するときの掛け声は、건배! 〈乾杯!〉や위하여! ([ここにいるみなさん]のために!)などと言う。仕事の打ち上げなどでは、수고하셨습니다. (お疲れ様でした)、감사합니다. (ありがとうございました)と言いながら乾杯したりもする。社会的な間柄の人や目上の人と乾杯する場合には、片手で乾杯すると失礼に当たるので、もう片方の手も添えるようにしよう。

35

この店、地ビールがそろってて最高!

이 집은 다양한 지역 맥주가 많아서 최고야!

「最高!」は、최고야! のほかに、日常会話では정말 좋아! もよく使われる。「地ビール」は지역 맥주 〈地域麦酒〉。「クラフトビール」は수제 맥주 〈手製麦酒〉という。

36

やっぱりお酒の締めはお茶漬けでないとね。

술자리 마무리는 역시 오차즈케지.

「やっぱり〇〇でないとね」は、역시 〇〇지. の組み合わせでよく使われる。また、フレーズ全体を뭐니뭐니해도 술 마신 다음에 마무리는 오차즈케지. (何と言っても、お酒を飲んだ後は、締めはお茶漬けでしょ)と表現してもOK。오차즈케は、日本料理が好きな人にはよく知られている単語だが、녹차에 밥을 말아먹는 간단한 일본음식 (緑茶にごはんを混ぜて食べる、簡単な日本料理)といった説明が必要な場合もある。

37

このお店、カード不可だって。

이 집, 카드 못 쓴대.

「不可だって」は、못 쓴대（使えないって）のほか、안 된대（だめだって）、안 받는대（受け付けないって）のように言うこともできる。「クレジットカード」は신용 카드（信用カード）だが、日常会話では카드とだけ言うことが多い。例）여기 카드 돼요?（ここ、カード使えますか?）

ファストファッションだって、侮れない。

패스트 패션도 만만치 않아.

「ファストファッション」は、패스트 패션。만만치 않다は「侮れない」「手ごわい」。フレーズ全体を패스트 패션도 무시할 수 없어.（ファストファッションも無視できない）としても良い。例）세계 각지에서 패스트 패션의 선두주자로 꼽히는 회사（世界各地でファストファッションのトップランナーとして数えられる会社）

39

今日、バーゲンがあるから買い物に付き合ってよ。

오늘 세일하니까 쇼핑하러 같이 가자.

フレーズ全体を오늘 세일하니까 같이 가자.（今日セールするから、一緒に行こう）としても同様の意味を伝えられる。「一緒に行かない?」は같이 안 갈래?。저것도 할인 상품인가요?（あれも割引商品ですか?）、입어 봐도 돼요?（試着してもいいですか）。

40

近くにショッピングモールができてから、そこばっかり。

근처에 쇼핑몰이 생긴 후론 계속 거기만 가.

「オンラインショッピングモール」は온라인 쇼핑몰、「ネットショップ」は인터넷 쇼핑몰。새로 지은 건물에 큰 쇼핑몰이 들어올 거래.（新しく建てた建物に、大きなショッピングモールが入るんだって）、거기 가면 다 살 수 있어.（そこに行けば、なんでも買える）。

41

休みの日は、駐車場がいっぱいだ。屋上行くしかないかな。

쉬는 날은 주차장이 꽉 차. 옥상으로 가야 되나?

「週末だから駐車場がいっぱいだな」であれば、주말이라 주차장이 꽉 찼네.。꽉 차다は「ぎっしり詰まる」「いっぱいになる」。「駐車場が満車で駐車できない」は주차장이 만차라서／만차여서 주차할 수 없다.「空きがありません」は자리가 없어요.ちなみに「地下駐車場」は지하 주차장。

42

この棚使いやすそう。持って帰れるかな。

이 선반 쓰기 편하겠다. 들고 갈 수 있을까?

「持って帰れるかな」は、가지고 갈 수 있을까?とすることも可能。들다も가지다も「持つ」という意味だが、들다は具体的な動作や物理的な「持つ」「抱える」で、가지다は物理的に「持つ」こと以外に「免許を持っている」のように所有していることを表すという違いがある。

43

え、現品限り? どうしようかなあ。

뭐, 전시상품밖에 없다구? 어떡하지?

「え、」の部分は어?、응?などの表現を使うことも可能。없다구?は없다고?の口語体。-다고?は「〜だって?」という意味。없다구?の代わりに、シンプルに없어?と言ってもOK。전시품(展示品)の代わりに진열품(陳列品)でも。살까 말까 한참 망설이다(買うか買うまいかだいぶ迷う)。

44

ネットのレビューは当てにならないから、実物を見て決めよう。

인터넷 리뷰는 믿을 수 없으니까 직접 보고 결정하자.

「実物を見て決めよう」の部分は、실제로 보고 정하자.(実際に見て決めよう)、직접 가서 보고 정하자.(直接行って、見て決めよう)としても同様の意味を表すことができる。직접は「直接」「じかに」という意味。

45

店員からいろいろ薦められるとかえって選べない。

점원이 너무 이게 좋다, 저게 좋다 하면 오히려 더 못 고르겠어.

韓国語文の直訳は「店員が、あまりにこれが良いあれが良いと言うと、むしろ選べない」。フレーズ全体を점원이 이것저것 추천하면 오히려 잘 못 고르겠어.(店員があれこれ薦めると、むしろ選べない)としてもOK。고르다は「選ぶ」「選択する」という意味。例)하나만 골라 주세요.(ひとつだけ選んでください)

46

全額ポイントでこれ買っちゃった。

이거, 전액 포인트로 샀어.

「ポイントをためる」は、포인트를 적립하다（ポイントを積立する）という。「ポイントカード」は적립카드または포인트카드。例）적립카드 있으세요?（ポイントカードはございますか?）

47

うーん、ジーンズの値段って、ピンキリだなぁ。

음, 청바지 가격이 천양지차네.

천양지차は〈天壌之差〉という四字熟語。これで「雲泥の差」「天地の差」「月とすっぽん」という意味。「ジーンズの値段って、ピンキリだなぁ」は、청바지에 따라 가격 차이가 엄청 나네.（ジーンズによって値段の差が激しいなぁ）と言うこともできる。차이가 나다で「差が出る」「違いが出る」。

48

今なら2万円か。これは買いだね。

지금 사면 2만엔이니까, 이건 꼭 사야지.

韓国語文の直訳は「今買えば2万円だから、これは必ず買わないと」。前半部分は、지금 사면 2만엔이라니까（今買えば2万円だっていうから）のように言い換えてもよい。꼭 -아/어야지は「必ず〇〇しなきゃ」。例）한국에 가면 이건 꼭 먹어야지.（韓国に行ったら、これは必ず食べなきゃ）

♪MP3 43

49

期間限定って言葉に弱いんだよね。

난 기간한정이란 말에 약해.

「期間限定」は기한 한정〈期限限定〉とも言う。買い物に関係する「限定」を使った表現例は、여름 한정 세일 (夏の限定セール)、이거 한정품이래. (これ、限定品なんだって)。韓国のコスメショップやスーパー、コンビニなどで見かける원 플러스 원 (1+1) は、1個買うともう1個無料でもらえるという意味。

50

ちょっと高いけど、自分へのごほうび！

좀 비싸지만, 나에게 주는 선물!

「ちょっと高いけど」は좀 비싸긴 하지만 (ちょっと高くはあるけど) としてもOK。나에게 주는 선물！を直訳すると「私にあげるプレゼント！」。「ごほうびをあげる」には포상을 주다、상을 주다という表現もあるが堅苦しい印象。このシチュエーションでは、선물 (プレゼント) が耳で聞いてもすぐ理解しやすい表現になる。

51

買い物っていうとパーッと使っちゃう。

쇼핑하면 엄청 사게 돼.

쇼핑하면 엄청 사. (買い物すると、かなり買う) としてもOK。ちなみに「爆買い」は싹쓸이 쇼핑。싹쓸이は「独り占めすること」「一掃」という意味。買った後に棚に何も残っていないことを表し、韓国でも流行語にもなった表現。

52

自分史上1番高いサンダルを買ったよ!

내 역사상 제일 비싼 샌들을 샀어!

フレーズのようなシチュエーションでは、지금까지 내가 산 샌들 중에 이게 제일 비싼 거야.(今まで私が買ったサンダルの中で、一番高いんだ)や、살면서 이렇게 비싼 샌들 산 건 처음이야.(生きてきてこんなに高いサンダル買ったの初めて)のように言い換えることもできる。

53

これパチモンじゃないよね。

이거 짝퉁 아니지?

「パチモン」は짝퉁または짜가と言い、どちらもスラング的な表現。짜가を使って、이거 짜가 아니지?と言ってもOK。「まさか!パチモンじゃないでしょ」であれば、설마! 짝퉁이 아니겠지.となる。

54

狙ってたあの商品、もう売り切れだって!

꼭 사려던 그 물건이 벌써 다 팔렸대!

「商品」は漢字語の상품にしてもOK。また、「売り切れだって」は품절됐대(品切れになったって)と言っても良い。「買っておけば良かった」と後悔を口にしたいときの表現は、그때 샀어야 되는데.(あの時買っておくべきだったのに)、미리 사 놓을 걸.(先に買っておけば良かった)など。

♪MP3 44

대화 / やりとり

学んだ表現で(　)を埋めて、1ターンの会話を完成させよう

1/

うわぁ、すごい行列だなぁ。
우와, (　　　)이 엄청 (　　　).

40分待ちだって。
40분이나 기다려야 된대.

2/

じゃあ、とりあえずビールから始めようか。
그럼, (　　　) 맥주부터 (　　　)?

えーっと、まずはドリンクメニューを見せてください。
아니, 일단 드링크 메뉴 좀 보여 주세요.

정답

1 (줄) (기네)　40분이나で、長い時間待たなくてはならないというニュアンスを表している。

2 (일단) (시킬까)　「ドリンクメニューを見せてください」は드링크 메뉴/메뉴판 좀 가져다 주세요.と言ってもOK。「ドリンクメニュー」は음료 메뉴/메뉴판という表現もよく使う。

3／

調子に乗って食べ過ぎちゃった。

신나서 먹다 보니 너무 많이 먹어 버렸어.

バイキング形式だからって、欲張り過ぎちゃだめだよ。

뷔페라고 너무 (　　　　)(　　　　)안 돼.

4／

ここ、店員の態度悪いなあ。

여기 점원들, 너무 (　　　　).

とりあえず、味は確かだと思うよ。

그래도 맛은 (　　　　).

5／

今日、ショッピングモールでバーゲンがあるから買い物に付き合ってよ。

오늘 쇼핑몰에서 (　　　　)하니까
(　　　　)같이 가자.

勘弁してよ。オープンしてからそこばっかじゃない。

야, 또 거기 가?
너 거기 생긴 후론 계속 거기만 가잖아.

3 (욕심) (부리면) 「欲張る」は욕심을 내다という表現もよく使われる。뷔페라고 너무 욕심 내면 안 돼.（バイキング形式だからって、欲張り過ぎちゃだめだよ）もOK。

4 (불친절하네) (확실해) 「味は確かだ」の「確かだ」は확실하다（確実だ）を使って表現する。

5 (세일) (쇼핑하러) 「勘弁してよ」は아, 제발、야, 너 좀 너무한 거 아냐などでもOK。「オープンしてから」は생기고 나서という表現もよく使われる。

상황극 ／ 友人の相談にのっている場面

女のストレス発散法

여자 1 : 나 지금 남자친구하고 헤어지려고❶ 해❷.

여자 2 : 뭐! 이렇게 빨리! 왜 또 그래?

여자 1 : 몇 번인가 식사하러 가서 알았어. 그 남자, 점원을 대하는 태도도 너무 무례하고, 젓가락으로 음식을 찔러서 먹질 않나❸, 테이블 매너도 모르는 것 같아. 어쨌든 매너가 나빠.

여자 2 : 그러면, 같이 있기 부끄럽겠다.

여자 1 : 그뿐이면 말도 안 해. 매번 1엔 단위까지 정확하게❹ 더치페이라구!

여자 2 : 야, 됐어. 짠돌이❺는 정말 최악이야. 그냥 당장❻ 헤어져.

여자 1 : 그치? 이제 확신을 가지게❼ 됐어. 고마워.

여자 2 : 기분 전환도 할 겸❽, 우리 새로 생긴 역빌딩 둘러 보지 않을래? 느낌이 좋은 작은 셀렉트 숍 점원하고 친해졌거든.

여자 1 : 혹시 지금 오픈세일 중이야!?

여자 2 : 응, 맞아! 나는 옷을 엄청 샀어.

여자 1 : 나도 충동구매할 것 같아. 난 기간한정이란 말에 약하거든❾.

여자 2 : 못 산 걸 후회하는 것보다 나아❿. 새로 산 옷 입고 우리 미팅이나 가자!

女性1：私、今の彼とは別れようと思う。

女性2：えっ！　早！　またなんで。

女性1：何回か食事に行って分かったのよ。彼って、店員に対して態度がデカいし、箸を刺して食べたり、テーブルマナーも分かってないみたい。とにかくマナーが悪いの。

女性2：確かに一緒にいるのは恥ずかしいかも。

女性1：それだけならまだしも、毎回きっちり1円単位まで割り勘なの！

女性2：いい、ケチは最悪よ。さっさと手を引きなさい。

女性1：だよね？　確信が持てたわ、ありがとう。

女性2：憂さ晴らしに新しい駅ビルチェックしに行かない？
いい感じの小さなセレクトショップの店員さんと仲良くなったの。

女性1：もしかして今オープンセール中！？

女性2：そうよ！　あたし洋服めちゃ買いしちゃった。

女性1：私、衝動買いしちゃいそう。期間限定って言葉に弱いんだよ。

女性2：買いそびれて後悔するよりましよ。買った服着て合コンでも行きましょ！

語注

❶ 헤어지다：別れる
❷ -(으)려고 하다：～しようとする
❸ -질 않아：-지를 않나の縮約形で「～したり」。ほかの人の言動に不満を並び立てて言う際に使われる
❹ 정확하게：正確に
❺ 짠돌이：ケチな男性。女性の場合は짠순이
❻ 당장：すぐ、即刻
❼ 확신을 가지다：確信を持つ
❽ -ㄹ/을 겸：～がてら、～することを兼ねて
❾ -거든：～なんだ
❿ 낫다：ました、良い

복습 / 제9장に出てきたフレーズの復習

以下の日本語の意味になるよう韓国語文を完成させます。答えはページの下にあります。

❶おめかしして高級レストランに行く ➡P272
잘 (　　　　) 고급 레스토랑에 가다

❷お店で友達と待ち合わせをする ➡P272
가게에서 친구하고 (　　　　) 하다

❸アレルギーを起こすものが入っていないか確認する ➡P275
알레르기를 (　　　　) 성분이 (　　　　) 있지 않은지 확인하다

❹細かいお金を探す ➡P277
(　　　　)을 (　　　　)

❺引き落としになる分を口座に入れておく ➡P280
(　　　　) 돈을 (　　　　)에 넣어 두다

❻出てくるのが遅いなぁ。注文、通ってないかもね？ ➡P288
(　　　　) 나오네. 주문이 안 (　　　　)지도 몰라.

❼ごはんが欲しくなる味だね。 ➡P290
이거, (　　　　)이네.

❽デザートは別腹だよね。 ➡P292
디저트 (　　　　) (　　　　)는 따로 있지.

❾今日は酔いが早く回るなぁ ➡P292
오늘은 (　　　　)이 빨리 (　　　　).

❿今なら2万円か。これは買いだね。 ➡P297
지금 (　　　　) 2만엔이니까, 이건 꼭 (　　　　).

정답

❶ 차려입고
❷ 만나기로
❸ 일으키는/들어
❹ 잔돈/찾다
❺ 인출될/계좌
❻ 늦게/들어갔을
❼ 밥도둑
❽ 먹는/배
❾ 술기운/올라오네
❿ 사면/사야지

제 ⑩ 장

밤 ／ 夜

夜帰宅してから寝るまでの表現を集めました。
寝る準備をするまでのルーティーンの中、
今日あったことを反省したり、明日の段取りを考えたり。
1日の終わりの動作や、心に浮かんでくる
さまざまなつぶやきを見てみましょう。

단어편／単語編

この後のフレーズに出てくる単語を予習しよう！

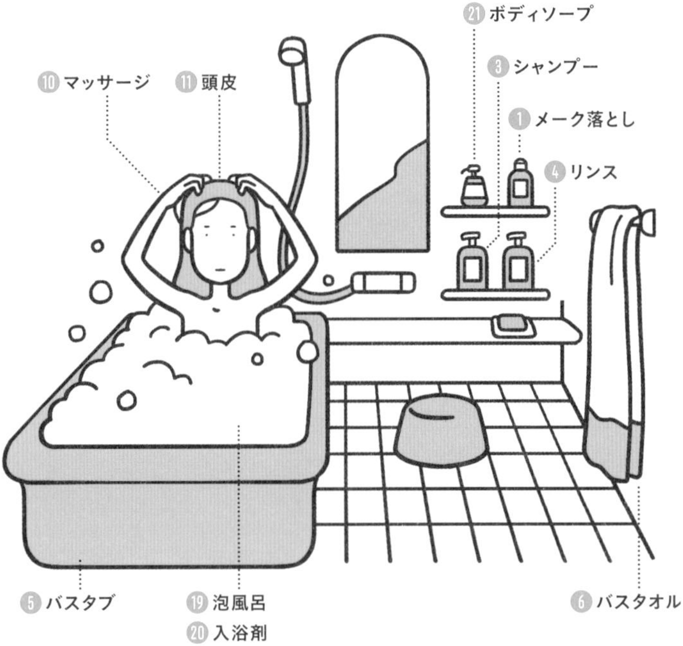

㉑ ボディソープ
③ シャンプー
⑩ マッサージ　⑪ 頭皮
① メーク落とし
④ リンス
⑤ バスタブ
⑲ 泡風呂
⑳ 入浴剤
⑥ バスタオル

① 메이크업 리무버
② 스포츠 뉴스 다이제스트
③ 샴푸
④ 린스
⑤ 욕조
⑥ 바스타올
⑦ 겨드랑이
⑧ 제모 크림
⑨ 족집게
⑩ 마사지
⑪ 두피
⑫ 스킨
⑬ 보습 크림
⑭ 간편한 식사
⑮ 야식
⑯ 즉석면
⑰ 메밀 국수
⑱ 우동

⑲ 거품 목욕
⑳ 입욕제
㉑ 바디소프
㉒ 마스크 팩
㉓ 취침주

제 ⑩ 장
夜

♪MP3
47

활동 / 体の動き

外食や買い物に出掛けたときの動作を韓国語で言ってみよう!

1_ 帰宅する
귀가하다

2_ 玄関の鍵を開ける
현관문을 열다

3_ 電気をつける
불을 켜다

4_ ネクタイを外す
넥타이를 풀다

도우미

1_「家に帰る」なら집에 가다。

2_ 현관문は「玄関のドア」「玄関の扉」。

3_ 反対の意味の「電気を消す」は불을 끄다。불は「明かり」。なお、「電気をつける」という意味で전기를 켜다とはあまり言わない。

4_ 풀다は「ほどく」「解く」。

5_「上着」は윗옷や상의と言う。「ハンガー」は옷걸이。

6_「メイク落とし」は클렌징 크림(クレンジングクリーム)または클렌징 오일(クレンジングオイル)。「洗顔フォーム」は클렌징 폼(クレンジングフォーム)または폼 클렌저(フォームクレンザー)、폼 클렌징(フォームクレンジング)。

8_ 반주〈飯酒〉は、ごはんを食べるときに一緒に飲む酒のこと。

10_ 아이 숙제를 보다とも言う。아이は애とも。「上の子」は큰 애、「下の子」は작은 애。

11_ 재우다は「寝かせる」「眠らせる」。

5_ 上着をハンガーに掛ける
윗도리를 옷걸이에 걸다

6_ 化粧を落とす
화장을 지우다

7_ 部屋の照明を落とす
방의 조명을 어둡게 하다

8_ 晩酌をする
저녁 반주를 하다

9_ スポーツニュースのダイジェストを見る
스포츠 뉴스 다이제스트를 보다

10_ 子どもの宿題を見る
아이 숙제를 봐 주다

11_ 本を読んで子どもを寝かしつける
책을 읽어서 아이를 재우다

♪MP3 47

12_ 風呂を沸かす
목욕물을 데우다

13_ シャワーを浴びる
샤워를 하다

14_ シャンプーで髪の毛を洗う
샴푸로 머리를 감다

15_ 半身浴する
반신욕하다

16_ バスタオルで体を拭く
바스타올로 몸을 닦다

17_ ドライヤーで髪を乾かす
드라이어로 머리를 말리다

18_ 脇（腕／脚）のムダ毛を処理する
겨드랑이（팔/다리）의 털을 정리하다

도우미

12_「浴槽にお湯を張る」は욕조에 물을 받다。「お湯」は더운물または뜨거운 물（熱い水）だが、「お風呂のお湯」については물を使う。「冷たい水」は찬물。

13_「垢すりをする」は때를 밀다。

16_「バスタオル」は목욕타올（沐浴タオル）、전신타올（全身タオル）とも。

18_「ムダ毛を処理する」は불필요한 털을 정리하다（不必要な毛を整理する）でもOK。なお、털을 처리하다（毛を処理する）と言うと、ペットの毛を処理するイメージになる。

19_ 頭皮マッサージをする
두피 마사지를 하다

20_ ボディークリームを塗って乾燥を防ぐ
바디크림을 발라서 건조함을 방지하다

21_ 湯冷めする
목욕 후 한기가 들다

22_ 夜ふかしする
밤샘하다

20_ ボディーローションは바디로션。샤워 후에 바디로션도 바르고, 몸의 보습도 신경을 써 줘야 돼. (シャワー後にボディーローションも塗って体の保湿も気にしないと)。

21_ 으슬으슬は(体が冷えて)「ぞくぞく」「ぶるぶる」。例) 목욕하고 났더니, 몸이 좀 으슬으슬 춥네. (お風呂に入ったら、体がぞくぞくして寒いね)

22_ 同様の意味で、밤을 새우다もよく使われる。

♪MP3 47

23_ エアコンのタイマーをつける
에어컨 타이머를 설정하다

24_ 布団を敷く
이불을 깔다

25_ ベッドに入る
침대에 들어가다

26_ 目覚ましを7時にセットする
알람을 7시에 맞추다

도우미

23_「タイマーをつける」は타이머를 설정하다（タイマーを設定する）。

25_「ベッドに横たわる」は침대에 눕다。例）침대에 누워서 책을 읽다（ベッドに横たわって本を読む）

26_「目覚まし」は자명종とも言う。

28_ 「段取り」はこのフレーズでは순서〈順序〉だが、状況によっては방법〈方法〉、절차(手続き、手順)と訳した方がぴったりくる場合もある。

30_ 「寝相が悪い」は잠버릇이 나쁘다/고약하다。

31_ 「悪夢で目覚める」は악몽에서 깨어나다、「悪夢にさいなまれる」は악몽에 시달리다、「金縛りに遭う」は가위에 눌리다。

33_ 日常会話では푹 자다(ぐっすり眠る)と表現する場合も多い。例) 오랜만에 푹 잤다(久しぶりによく寝た)。「いつの間にか寝入った」は어느새 잠들었다、「そのまま寝てしまった」は그대로 잠들어 버렸다。

27_ 寝る前にスマホをいじる
자기 전에 스마트폰을 만지다

28_ 明日の段取りを考える
내일 할 일의 순서를 생각하다

29_ 時計の針の音が気になって眠れない
시계 바늘 소리가 신경이 쓰여서 잠을 잘 수가 없다

30_ 寝返りを打つ
몸을 뒤척이다

31_ 怖い夢をみる
무서운 꿈을 꾸다

32_ 寝汗をかく
자면서 식은땀을 흘리다

33_ 熟睡する
숙면하다

♪MP3 48

혼잣말 / つぶやき表現

家に帰ってから寝るまでの間のつぶやき

1

日が長くなってきたなぁ。

해가 길어지고 있네.

昼と夜の長さが等しい「春分(秋分)」は、춘분(추분)。例) 춘분이 지나면 날씨가 따뜻해집니다.(春分が過ぎると天候が暖かくなります)。昼が一番長い夏至は하지、一番短い冬至は동지。例) 하지 지나면 더 더워지겠다.(夏至が過ぎたら、もっと暑くなりそうだ)

2

タマ～！ いい子にしてた？

다마야~! 착하게 잘 있었어?

「いい子にしてた?」の部分は、잘 있었어?としてもOK。韓国語には日本語の「ただいま」のような決まった言い方はあまりなく、나 왔어.(私、来たよ)のように言ったり、あるいは何も言わなかったりする。

3

うわ、エアコンつけっ放しで出ちゃったんだ。

아, 에어컨을 그냥 켜 두고 나갔었네.

「うわ」は어휴や어이쿠とも言う。아, 에어컨을 안 껐었네.(うわ、エアコン切ってなかったね)や、아, 에어컨을 끄는 걸 깜박했네.(うわ、エアコン切るの忘れてた)などの表現もよく使う。

4

味気ないけど、とりあえず今晩はこれをレンジでチンして済ませよう。

별맛은 없지만, 오늘 저녁은 그냥 이거라도 레인지에 데워 먹자.

「レンチンして食べる」は레인지에 데워 먹다。데우다は「温める」。コンビニなどでのやり取りでよくある「温めますか?」は데워 드릴까요?、「温めてください」は데워 주세요.となる。「食欲をそそる」は식욕이 당기다、입맛이 당기다。これをくだけたニュアンスで言う場合は、식욕이 땡기다、입맛이 땡기다となる。

5

毎晩飲みに行ってたので、今日は家で粗食。

매일 밤 술 마시고 다녔으니까, 오늘은 집에서 가볍게 먹자.

가볍게 먹자(軽く食べよう)の代わりに、간단히 먹자(簡単に食べよう)と言ってもOK。「(酒を)飲みに行く」は、ほかに술 마시러 가다や술 마시러 다니다でも良い。가다を使うと単にお酒を飲みに行くだけの意味になるが、다니다を使うと複数回行くようなニュアンスになる。

6

夜食にインスタントラーメン食べちゃおう。

야식으로 라면 먹자.

「食べちゃおう」の部分は먹어야지(食べなきゃ)としてもOK。日本語では「ラーメン」と「インスタントラーメン」をはっきり区別して言うが、韓国語ではほとんどの場合、インスタントラーメンのことを라면という。日本式のラーメンを指す場合は、일본 라면または일본 라멘と言う。

7

夜中に炭水化物は禁物！

한밤중에 절대 탄수화물은 먹으면 안 돼!

直訳的に、한밤중에 탄수화물은 금물!としても良い。なお、韓国語では탄수화물（炭水化物）の代わりに、밀가루 음식（小麦粉の食べ物）という表現を使う場合も多い。例）밀가루 음식이 제일 살쪄!（炭水化物が一番太る！）

今日は自分へのごほうびにいい入浴剤を使おう。

오늘은 내가 나한테 주는 선물로 좋은 입욕제를 써야지.

「自分へのごほうび」は스스로에게 주는 선물（自分自身にあげるプレゼント）としてもOK。ボディーソープは바디클렌저（ボディークレンザー）、샤워젤（シャワージェル）、바디워시（ボディーウォッシュ）などのように言う。「髪を洗う」は머리를 감다、「体を洗う」は몸을 씻다。

9

今日はお風呂めんどくさいな。明日の朝にしようか。

오늘은 목욕하기 귀찮은데, 그냥 내일 아침에 할까?

韓国の家庭ではシャワーだけで済ませる場合が多い。そのため、목욕하다という表現より、実際の会話では오늘은 정말 씻기 귀찮다! 그냥 내일 씻을까?（今日は本当に洗うのがめんどくさい！　明日洗おうかな）という表現がよく使われる。

10

のんびり入浴すると生き返るなぁ。

느긋이 목욕하고 나면 정말 살 것 같아.

「入浴して気分さっぱり!」な場合は、목욕하고 나면 정말 상쾌해! (お風呂から上がると本当に爽快!)という表現がよく使われる。また、「のんびりとお湯に入る」のであれば、온천욕을 즐기는 것처럼 느긋하게 목욕을 합니다. (温泉を楽しむように、のんびりとお風呂に入ります)といった表現も。

11

このパック、おうちでエステ気分を味わえるわ。

이 팩하면, 집인데 에스테 샵에서 관리받은 느낌이 들어.

이 팩, 집에서 에스테샵 관리 받는 느낌이야. (このパック、家でエステサロンのケアを受けている気分だ)でもOK。「気分を味わう」は、느낌이 들다 (感じがする)や느낌이다 (感じだ)を使って表すと良い。

12

風呂上がりの１杯は最高だ。

목욕 후에 마시는 한 잔은 정말 최고야.

「風呂上がりの」はここでは목욕 후에 마시는 (お風呂の後に飲む)とした。もしも「シャワーの後の」であれば、샤워한 후에 마시는となる。「ビールをゴクゴク飲む」は맥주를 꿀꺽꿀꺽 마시다。お風呂上がりの「あー、さっぱりした!」は、아, 시원해!のように言う。

♪MP3 48

13

うとうとしてたらテレビで見てた映画が終わってた。

꾸벅꾸벅 졸다 깨니, 어느새 TV에서 보고 있던 영화가 끝나 있었어.

꾸벅꾸벅は「うとうと」。졸다は「居眠りする」。어느새は「いつの間にか」。例）어느새 잠들어 있었다（いつの間にか寝入っていた）。ちなみに、「寝落ちした」は도중에 잠들어 버렸다、または곯아떨어졌다のように言う。

14

日曜の夕方になると、翌日のことを考えていつも憂鬱。

일요일 저녁에, 내일 할 일을 생각하면 항상 우울해져.

항상は「いつも」。「憂鬱になる」は우울해지다。毎週月曜日の朝に憂鬱な気持ちになったり、だるさを感じたりすることを、월요병（月曜病）や월요일병（月曜日病）という。これは日本語でいう「ブルーマンデー」。「もう次の週末が待ち遠しいな」は、벌써부터 다음 주말이 기다려져. となる。

15

とりあえず今日はもう寝よう。考えても仕方ないし。

일단 오늘은 그만 자자. 고민해도 별 수 없고.

「考えても仕方ないし」は、ここでは고민해도 별 수 없고（悩んでも仕方がないし）としたが、생각해 봐도 별 수 없고（考えてみても仕方がないし）としても良い。また、「仕方ないし」の部分は、뾰족한 수도 없고（これといった良いアイデアもないし）でもOK。

16

今夜はバタンキューだ。

오늘 밤엔 눕자마자 그냥 쓰러지겠어.

韓国語文の直訳は「今日の夜には、横になるなりただ倒れそうだ」。「バタンキュー」にあたる韓国語はないため、このように説明的に表現することになる。「爆睡する」「眠りこける」は곯아떨어지다。

17

布団を干したらお日さまのにおいがしてふかふかだ。

이불을 말렸더니 햇살 냄새가 나고 폭신폭신해.

「布団を干す」は이불을 말리다。이불을 햇볕에 말렸더니, 냄새도 좋고 뽀송뽀송하다.(布団を日光で干したら、においも良くてふわふわだ)とも言える。이불이 폭신폭신하다(布団がふかふかだ)や이불이 뽀송뽀송하다(布団がふわふわだ)はよく使われる表現。

18

ちょっと寒いかも。もう1枚毛布足そうかな。

좀 추운데. 담요 하나 더 덮을까?

좀 춥네. 담요 한 장 더 덮을까?としてもOK。「毛布を掛ける」は담요를 덮다。「寒いかも」を추울지도 몰라.と訳す場合は、自分以外の対象について使う場合が一般的。例) 내일은 좀 추울지도 몰라.(明日は寒いかもしれない)、난방이 안 돼서 걔 지금 좀 추울지도 몰라.(暖房が効かなくてあの子、今、少し寒いかもしれない)。걔は그 아이の縮約形。

♪MP3 48

19

スマホを見ながらじゃないと寝られない。

스마트폰을 안 보면 잠이 안 와.

잠이 오다で「眠くなる」という意味。反対の意味の「眠れない」は잠이 안 오다と言う。例) 어제는 잠이 안 와서 잠을 못 잤어. (昨日は寝れなかった)。「スマホ見たまま寝ちゃった」は스마트폰을 보다가 잠이 들어 버렸어.となる。

20

この子たち、本当に寝付きがいいなぁ。

얘네들 정말 금방 잠드네.

「寝付きがいい」は금방 잠들다または잠이 잘 오다、「寝付きが悪い」は잠을 잘 못 자다または잠이 잘 안 오다などと表現する。얘네들, 진짜 눕자마자 자네. (子どもたち、本当に横になるやいなや寝るわね)と言っても良い。

21

昔は徹夜して翌日までずっと仕事できてたんだけど。

옛날엔 밤새고도 다음 날까지 계속 일할 수 있었는데.

「昔は」は옛날에는や옛날엔でOKだが、韓国語では전에는 (前には)のように訳す場合も多い。ここでの「徹夜して(も)」は、밤새고도や밤새도、안 자고도、안 자도などのように訳せる。日本語の直訳である철야하고도は意味は通じるが、会話ではあまり使われない。

22

また午前様か。

또 새벽에 왔네.

直訳は「今日もまた深夜に来たのか」。日本語の「午前様」に込められた意味は、韓国語では1つの単語で表現できないため、場合によって表現が変わる。새벽は、辞書的な意味は「夜明け」だが、새벽 1시(深夜1時)のようにも使われるため、「深夜」や「真夜中」という意味もあわせて覚えておきたい。

23

目覚ましをかけずに寝るのが週末の楽しみだよ。

알람 맞추지 않고 자는 게 주말의 낙이야.

알람을 맞추다は「目覚ましをかける」。例) 내일 아침엔 일찍 일어나야 하니까, 꼭 알람 맞추고 자!(明日は早起きしなきゃだから、必ず目覚ましかけて寝て!)、알람 맞췄어? (目覚ましかけた?)

24

今夜はゆっくり休もう。

오늘 밤은 푹 쉬자.

「ゆっくり休む」は푹 쉬다、「ゆっくり寝る」は푹 자다。 푹は「ぐっすり」という意味。「おやすみ」は잘 자.。「休みの日」は쉬는 날、「休日」は휴일、「連休」は연휴。学校の長期休暇は방학〈放学〉、社会人などの「休暇」は휴가。

대화 / やりとり

学んだ表現で(　)を埋めて、1ターンの会話を完成させよう

1/

夜食にインスタントラーメン食べちゃおう。

야식으로 라면 먹자.

夜中に炭水化物は禁物だよ！

(　　　　)에 절대 탄수화물은 (　　　　) 안 돼!

2/

今日はお風呂めんどくさいな。

오늘은 (　　　　) (　　　　).

明日の朝にシャワー浴びたら？

내일 아침에 샤워하면 어때?

정답

1 (한밤중) (먹으면)　このような場面でよく使われる表現は、次のようなものもある。야! 이 밤중에 무슨 라면이야!（ちょっと！　こんな夜中に何がラーメンよ！）

2 (목욕하기) (귀찮은데)　「シャワーを浴びる」も「シャワーする」も、どちらも샤워를 하다。

3

のんびり入浴すると生き返るなぁ。

(　　　) 목욕하고 나면 정말 (　　　) 것 같아.

そして風呂上がりの１杯は最高だよね。

그리고 목욕 후에 마시는 한 잔은 정말 최고야.

4

とりあえず今日はもう寝よう。考えても仕方ないし。

일단 오늘은 (　　　) 자자.
고민해도 (　　　) 수 없고.

くよくよしないで！ 心配し過ぎだよ。

끙끙대지 마! 지나친 걱정이야.

5

今夜はバタンキューだ。

오늘 밤엔 (　　　) 그냥 (　　　).

おやすみ。ぐっすり眠ってね！

잘 자. 푹 쉬어!

3 (느긋이) (살)　-고 나면は、「～したら」。준비운동을 마치고 나면 유산소운동을 먼저 시작합니다（準備運動を終えたら、有酸素運動から始めます）。

4 (그만) (별)　끙끙は「くよくよ」。끙끙 고민하다/앓다で、「くよくよ悩む」「くよくよする」。

5 (눕자마자) (쓰러지겠어)　눕자마자は「横になるなり」。

♪MP3 50

상황극 / ある夜の一場面

ふかふか布団のありがたみ

남편 : 왔어~.

아내 : 또 새벽에 왔네. 요즘 술자리❶가 너무 많은 거 아냐!?

남편 : 아, 아니야. 안 마셨어. 오늘은 문제가 좀 있어서 일 처리하느라 지금까지 정신이 없었어❷. 근데, 저녁밥 뭐 좀 남아 있어?

아내 : 어? 그래? 난 밖에서 먹고 올 줄 알고❸ 자기 건 안 남겼는데. 별맛은 없지만, 그래도 일단 이거라도 데워서 먹을래?

남편 : 그래, 요즘 매일 밤 술 마시고 다녔으니까…, 오늘 밤은 가볍게 먹어도 돼.

아내 : 목욕물 데워? 그냥 샤워만 할래?

남편 : 빨리 자고 싶으니까 그냥 샤워만 할래. 옛날에는 밤새서 일해도 다음날까지 계속 일할 수 있었는데 말이야❹. 오늘 밤엔 눕자마자 그냥 쓰러지겠어.

아내 : 뭐라는 거야? 나이가 있으니 당연한❺ 거지. 오늘은 햇살❻에 이불을 말렸더니❼ 냄새도 좋고, 폭신폭신해. 푹 쉬어.

남편 : 고마워. 오늘 밤은 술도 안 마셨고, 푹 잘 수 있을 것 같아.

夫：たーだーいーまー。

妻：また午前様！　最近飲み会多くない!?

夫：ち、違うよ、飲んでないよ。今日は仕事のトラブル処理で今までバタバタしてたんだ。何か夕飯残ってる？

妻：え？　うそ。外で済ませてくると思ってたからあなたの分残してないわ。
味気ないけど、とりあえずこれをチンして済ませてくれないかしら。

夫：うん、毎晩飲みに行ってたし…今夜は軽くでいいんだ。

妻：お風呂沸かす？　シャワーでいい？

夫：早く寝たいからシャワーでいいや。
昔は徹夜で仕事しても翌日までずっと仕事できてたんだけどなぁ。今夜はバタンキューだ。

妻：何言ってるの。歳なんだから当然でしょ。
今日は布団干したら、においも良くてふかふかよ。ぐっすり眠って。

夫：ありがとう。今夜は酒も入ってないし、ぐっすり眠れる気がするよ。

語注

❶술자리：飲み会、酒の席
❷정신이 없다：バタバタしている、非常に忙しい
❸-ㄹ 줄 알다：～だと思う
❹-았/었는데 말이야：～だったっていうのに
❺당연하다：当然だ
❻햇살：太陽の光、日差し
❼말리다：干す、乾かす

복습 ／ 제10장に出てきたフレーズの復習

以下の日本語の意味になるよう韓国語文を完成させます。答えはページの下にあります。

❶電気をつける ➡P308
(　　　　)을 (　　　　)

❷本を読んで子どもを寝かしつける ➡P309
책을 읽어서 아이를 (　　　　)

❸ドライヤーで髪を乾かす ➡P310
드라이어로 머리를 (　　　　)

❹ボディークリームを塗って乾燥を防ぐ ➡P311
바디크림을 (　　　　)건조함을 (　　　　)

❺夜ふかしする ➡P311
(　　　　)하다

❻寝る前にスマホをいじる ➡P313
자기 전에 스마트폰을 (　　　　)

❼日が長くなってきたなぁ。 ➡P314
해가 (　　　　) 있네.

❽今日は自分へのごほうびにいい入浴剤を使おう。 ➡P316
오늘은 내가 나한테 (　　　　) (　　　　)로 좋은 입욕제를 써야지.

❾このパック、おうちでエステ気分を味わえるわ。 ➡P317
이 팩 하면, 집인데 에스테 샵에서 (　　　　) 느낌이 들어.

❿この子たち、本当に寝付きがいいなぁ。 ➡P320
얘네들, 정말 금방 (　　　　).

정답

❶ 불/켜다
❷ 재우다
❸ 말리다
❹ 발라서/방지하다
❺ 밤샘
❻ 만지다
❼ 길어지고
❽ 주는/선물
❾ 관리받은
❿ 잠드네

解説動画について

本書の執筆・解説を担当した金恩愛先生のYouTubeチャンネルにて、『起きてから寝るまで韓国語表現1000』で韓国語を学ぶ皆さんをサポートする「解説動画」を随時アップしていきます。
金恩愛先生と一緒に、声を出しながら生き生きした韓国語フレーズや表現を学びましょう。発展表現や、さらに詳しい解説などもアップする予定です。
豪華ゲストも登場するかも!?　ぜひお見逃しなく!

金恩愛先生のYouTubeチャンネル

https://www.youtube.com/channel/UC6i_iwopBitRxxDtUna2yog/

起きてから寝るまで韓国語表現 1000

発行日：2020年10月15日（初版）
2021年 5 月31日（第3刷）

執筆・解説：山崎玲美奈／金恩愛

編集：株式会社アルク　出版編集部
編集協力・校正：河井佳

AD：細山田光宣
デザイン：室田潤（細山田デザイン事務所）
表紙イラスト：白根ゆたんぽ
本文イラスト：金安亮

ナレーション：イ・ミンジョン、金恩愛、イ・ホスン、菊地信子
録音・編集：株式会社メディアスタイリスト

DTP：新井田晃彦（有限会社共同制作社）、鳴島亮介
印刷・製本：シナノ印刷株式会社

発行者：天野智之
発行所：株式会社アルク
〒102-0073
東京都千代田区九段北4-2-6　市ヶ谷ビル
Website：https://www.alc.co.jp/

落丁本、乱丁本は弊社にてお取り替えいたしております。
Webお問い合わせフォームにてご連絡ください。
https://www.alc.co.jp/inquiry/

Printed in Japan.　PC：7020062　ISBN：978-4-7574-3651-0

執筆・解説

山崎玲美奈（やまざき・れみな）

東京外国語大学大学院博士前期課程修了（言語学）。早稲田大学、フェリス女学院大学、上智大学非常勤講師。2019年4月～9月、NHKラジオ「まいにちハングル」講師として出演。著書に『キクタン韓国語会話　入門編』『はじめてのハングル能力検定試験3級』（アルク）、『改訂版 口が覚える韓国語 スピーキング体得トレーニング』（三修社）、『超入門！　書いて覚える韓国語ドリル』（ナツメ社）などがある。

金恩愛（キム・ウネ）

東京大学大学院総合文化研究科修了、博士（学術）。福岡県立大学准教授。専門は日韓対照言語学、表現様相の研究、韓国語教育。著書に『はじめて学ぶ韓国語入門会話』『テーマで学ぶ韓国語初級会話』（ことばの森）、共著に『間違いやすい韓国語表現100（初級編）』『間違いやすい韓国語表現100（上級編）』（白帝社）、共訳に『標準韓国語文法辞典』（アルク）、『実力日本語（下）単語・文法解説書』（韓国語版）など。韓国語教材のナレーションなど、韓国語ナレーターとしても活躍中。